쉽게 보는 어려운 성막

강학종 지음

차례

추천사
머리말
성막을 아십니까? … 9
조각목 … 27
울타리 … 43
문 … 53
번제단 … 61
물두멍 … 75
성소 … 97
널판 … 121
떡상 … 133
금촛대 … 149
분향단 … 159
휘장 … 167
언약궤 … 179
언약궤 - 만나 … 187
언약궤 - 아론의 싹난 지팡이 … 199
언약궤 - 십계명 돌판 … 209

추천사

　이스라엘을 애굽에서 인도하여 광야를 거쳐서 가나안에 이르게 하신 하나님께서는 광야에 머무는 그 백성에게 이스라엘이 가나안 땅에서 영원히 지켜야 할 귀한 신앙적 법도를 가르치셨다. 광야교회의 의미는 하나님의 임재를 항상 바르게 체험하면서 하나님을 섬기는 경건을 배우고 경건에 이르는 훈련을 받는 것이었다. 이를 위하여 하나님께서는 세 가지 방법으로 훈련시켰다.

　첫째는 율법에 대한 바른 이해와 신앙적 순종이었다. 율법 그 자체가 큰 은총으로 주어진 것이며 이를 따라서 경건과 사랑으로 순종함이 하나님의 은혜를 받아들이는 신앙적 자세요, 둘째는 모세를 통해서 하나님께서 말씀하시기에 하나님께서 지명하여 세우신 하나님의 사람 모세와의 은총적 관계였다. 모세에게 순종함이 곧 하나님께 순종하는 일이 되기 때문이다.

　그리고 성막을 주셨다. 성막을 통하여 하나님께서 저들과 함께함을 계시하셨으며 이 때문에 온 이스라엘은 성막 중심으로 살게 하셨던 것이다. 이는 상징으로 말씀하시는 하나님의 말씀이었다. 그러므로 성막의 오묘한 뜻을 바로 읽을 수 있을 때 올바른 경건에 도달하게 된다고 본다.

실제 목회 경험 속에서 비추어 볼 때 그 귀한 계시의 말씀을 풀어 설명하여서 성막을 통해 말씀하시는 하나님의 말씀을 오늘에 새롭게 들려준 것은 참으로 귀한 일이라고 생각된다.

아무쪼록 이 책과 함께 임마누엘 하나님과 늘 가까이에서 말씀하시는 하나님의 말씀을 확실하게 들으면서 신앙적으로 성숙한 교회가 되기를 바라는 마음에서 기쁜 마음과 감사한 마음으로 추천하는 바이다.

1999년 11월
소망교회
곽선희 목사

머리말

여기에 수록된 내용은 2년 전에 저희 교회 청년회 수련회 때 강의했던 내용들입니다. 성경을 읽다보면 아무리 읽어도 무슨 뜻인지 모를 만큼 어려운 부분이 참 많은데, 사람에 따라서 다르기는 하겠습니다만 아마 그중 대표적인 부분이 성막일 것입니다. 바로 그 부분을 정면 돌파하기로 했던 것입니다.

하지만 그렇게 결정한 다음부터 수련회를 준비하는 기간 내내 속으로 갈등했습니다. 아무리 정면 돌파도 좋지만 성막은 청년 수련회가 아니라 제직 수련회 때 다루어야 어울릴 내용이라는 생각이 들었기 때문입니다. 성경에 대한 이해나 호기심이 별로 많지 않은 청년들을 앉혀놓고 억지로 어려운 부분을 강의하다가 전부 다 졸면 어떻게 하나 하는 염려 때문에 강의 주제를 바꾸고 싶은 충동도 여러 번 느꼈습니다.

그런데 정작 뚜껑을 열고 보니 전혀 다른 반응이 나타났습니다. 새벽 2시를 넘긴 시간까지 자세 하나 흐트러뜨리지 않고 초롱초롱한 눈빛으로 앉아있는 모습에 제가 먼저 놀랐습니다. 거기에다가 "앵콜!"까지 나오는 바람에 수련회를 마친 2주 후에 다시 주일 오후에 모여 앵콜 강의도 했습니다.

성막을 강의하면서 우선 두 가지 사실을 염두에 두었습니다. 하나는 성경의 주제가 예수 그리스도라는 사실입니다. 우리의 신앙은 성막에 머무는 것이 아니라 예수로 연결되어야 합니다. 그러니 성막을 공부했다고 하면서 고작해야 구약시대의 제사 제도를 공부한 듯한 착각에 들지 않도록 철저하게 예수님의 사역과 연결해서 생각했습니다. 성막이 아무리 중요하다고 해도 그리스도 안에서의 풍성한 은혜를 누리며 보다 미래지향적으로 나아가야 할 우리의 신앙이 오히려 과거로 회귀할 수 없는 일입니다. 그리고 또 하나는 최대한 쉽게 쓰려고 노력했습니다. 아무리 심오한 진리라고 해도 정작 자기가 이해하지 못하면 의미가 없는 것처럼, 성막에 대한 내용을 알게 하는 것도 그렇습니다. 성경에 대한 전반적인 이해가 깊지 않은 청년들에게, 어려운 내용일 것이라고 지레 겁을 먹기 쉬운 부분을 설명해야 했기 때문에 쉽게 설명해야 한다는 사실이 무엇보다도 중요했습니다. 그래서 우리 주변에서 흔히 만날 수 있는 일상적인 일들을 예화로 사용했고 특히 강의 내용이 무슨 말인지는 알아들으면서도 마치 자기와는 전혀 관계없는 다른 나라 이야기를 듣는 것처럼 고개만 끄덕이고 마는 일이 없도록 적용 부분에도 각별한 신경을 썼습니다.

그랬던 것이 이렇게 책으로 출판되니, 성막을 강의하던 때의 감동이 다시금 머리를 스칩니다. 그런 감동이 저의 목회 현장에 계속 이어졌으면 좋겠습니다. 끝으로 성막을 강의하던 그때 그 자리에 있던 청년들에게 이 지면을 빌어 감사의 뜻을 전합니다. 녹음되어 있는 내용을 일일이 글로 푸는 수고를 감당한 사랑하는 제자 홍유표 군에게도 고마움의 뜻을 전하며, 이 책의 출판을 위해 애쓰신 한영진 장로님과 베드로서원 가족들에게도 깊은 감사를 느낍니다.

무엇보다도 이 책으로 인하여 아직 예수를 모르는 부모님의 마음에 예수에 대한 호기심이 생긴다면 저로서는 더할 나위 없는 기쁨이겠습니다.

1999년 11월
강학종 목사

성막을 아십니까?

아마 이 글을 읽는 모든 사람에게 그런 경험이 있을 것입니다. 매해마다 새해 첫날이 되면 "올해는 꼭 성경 일독해야지" 하는 결심들을 합니다. 그리고는 창세기부터 읽기 시작하는데, 창세기야 일단 그 내용이 낯익기도 하고 또 굳게 마음먹은 결심도 있으니까 무난히 넘어갑니다만 출애굽기에 들어서면 슬슬 삐걱거리기 시작합니다. 홍해를 건너는 장면까지는 그럭저럭 넘어가는데 20장에 십계명 얘기를 지나면 그 다음부터 본격적으로 재미가 없어집니다.

25장부터 성막이 나오는데 장이 몇 규빗, 광이 몇 규빗, 고가 몇 규빗 하는 얘기가 전혀 생소합니다. 무슨 말인지 도무지 이해가 되지 않습니다. 책을 읽으면 자기가 읽고 있는 내용이 머리 속에 어렴풋하게라도 어떤 그림이 그려져야 이해가 되는 법인데 일단 성막 얘기는 그림이 그려지지 않습니다. 그러니 아무리 읽어도 대체 무슨 말인지 전혀 이해가 되지 않고, 이해가 되지 않으니 재미도 없습니다. 성경을 읽다 말고 잠깐 딴 생각을 하다가 다시 성경으로 눈을 가져오면 자기가 방금 어디를 읽고 있었는지를 몰라서 대충 아무데나 다시 읽었던 경험들이 모두에게 있을 것입니다. 하지만 그렇다고 해서 성막 부분만 빼고 읽을 수도 없는 노릇입니다. 왜냐하면 성경에 있어서 성막 얘기는 그 비중이 상당히 크기 때문입니다.

성막 얘기는 출애굽기에만 13장이 나오고, 레위기에 18장, 민수기에 13장, 신명기에 2장과 히브리서에 4장 모두 50장에 걸쳐서 나옵니다. 신구약 성경이 모두 1,189장으로 구성되어 있는데 성막 얘기가 50장에 걸쳐서 나온다는 얘기는 성경 전체의 무려 1/24이 넘는 곳에서 성막 얘기가 거론된다는 뜻입니다. 우리가 하나님 말씀이라고 애지중지하는 성경에는 달랑 한 장으로만 되어 있는 책도 꽤 있습니다. 구약의 오바댜가 그렇고 신약의 빌레몬서와 요한 2서, 요한 3서 그리고 유다서가 모두 한 장으로 되어 있습니다. 그래도 우리는 그것을 하나님 말씀이라고 합니다. 그런데도 우리가 성막에 대해서 무지하다면 하나님께서 우리에게 허락하신 계시의 상당 부분에 대해서 완전히 무지할 수밖에 없게 된다는 결론인데, 그럴 수는 없는 일입니다.

기록된 분량만 그런 것이 아닙니다. 성막 설계 과정을 보아도 그렇습니다. 하나님께서는 6일만에 천지를 지으셨습니다. 그런데 성막의 설계에 무려 40일씩이나 할애하셨습니다. 이 사실을 감안하면 성경에서 성막이 차지하는 중요성은 아무리 강조해도 지나치지 않다고 할 것입니다.

천지 창조에도 단 6일밖에 소요되지 않았는데 무려 40일이 할애되어야만 했던 그 어떤 것이 있다면 그것이 대체 무엇이겠습니까? 아마도 여기에 대한 대답은 분명히 예수일 것입니다. 왜 성막이 예수님의 모형인지 논리적으로 따져서 그 내용에 수긍하기 이전에 하나님께서 그토록 중요하게 여기시는 것이 있다면 그것은 예수 그리스도 말고 다른 것이 있을 수 없기 때문입니다.

아닌게 아니라 그렇습니다. 이 성막은 우리에게 예수를 보여주고 있습니다. 성막을 보면 예수가 보입니다. 예수님의 이 땅에서의 사역이 보이고, 그를 통해 우리에게 말씀하시고자 하는 내용이 보이고, 그를 통해 구원 얻은 우리가 살아가야 할 삶의 방향이 보입니다.

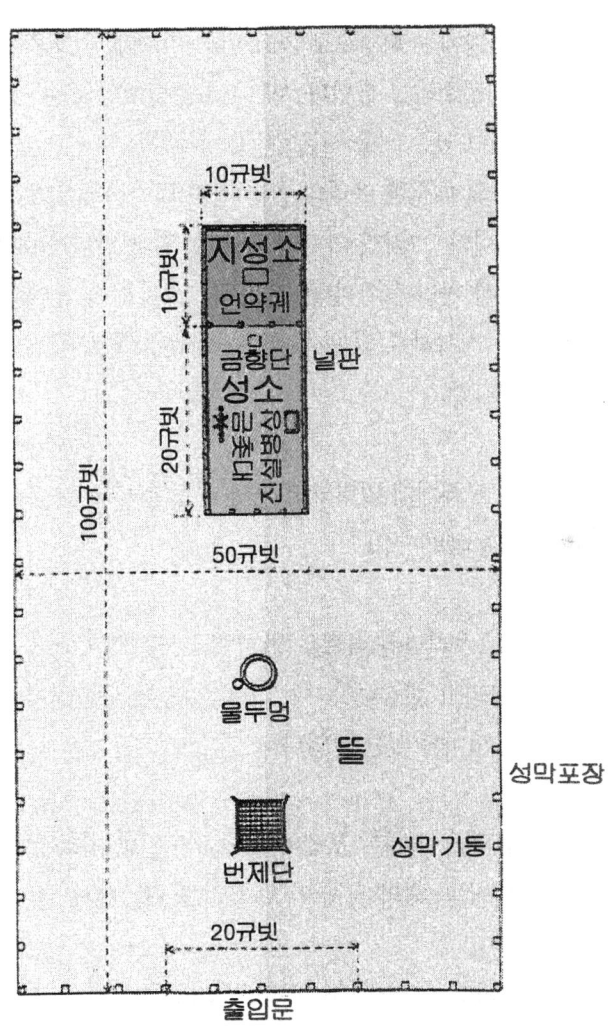

성막을 조감해 보면 우선 바깥에 울타리가 있고 울타리를 기준으로 그 내부를 성막 뜰이라고 합니다. 울타리 동편에는 문이 있는데 그 문을 통해서 들어가면 번제단이 보이고 번제단 다음으로 보이는 것이 물두멍입니다. 번제단과 물두멍을 통과하면 그 다음에 있는 것이 성소인데, 성소 안으로 들어가면 떡상과 금촛대 그리고 분향단이 놓여있습니다. 성소와 지성소 사이에는 휘장으로 가로 막혀 있는데, 특별히 휘장 건너편을 가리켜서 지성소라고 합니다. 이 지성소에는 언약궤가 놓여 있는데 그 언약궤를 덮고 있는 것을 시은좌라고 합니다.

이 모든 기구의 배열은 우리의 신앙 여정 내지는 신앙 성숙을 그대로 보여주고 있습니다. 그러면 이 성막이 대체 얼마 만큼 중요한 것이기에 성경에서 이만한 자리를 차지하고 있는지, 그리고 이 성막이 어떻게 예수 그리스도를 계시하고 있는지 하는 문제를 조감도의 순서에 따라서 알아보고자 합니다.

"여호와께서 모세에게 일러 가라사대 너는 정월 초일일에 성막 곧 회막을 세우고"(출 40:1~2)

정월 초일일 — 우리나라 식으로 얘기하면 1월 1일 — 해가 시작되는 날에 성막을 세우라고 했습니다. 이스라엘 사람들에게 있어서의 정월 초하루는 상당히 의미가 있는 날입니다.

"여호와께서 애굽 땅에서 모세와 아론에게 일러 가라사대 이 달로 너희에게 달의 시작 곧 해의 첫 달이 되게 하고"(출 12:1~2)

애굽에서 벗어나는 날이 바로 1월 1일이었습니다. 더 정확하게 말씀

드리면 애굽에서 벗어나는 날로 1월 1일을 삼았습니다. 애굽에 억눌려 있다가 애굽의 압제에서부터 벗어나는 날, 지금 교회에서 말하는 식으로 얘기하면 죄의 종으로 지내다가 주님을 영접한 날을 1월 1일로 정하여 그 날을 새로운 해의 시작으로 삼았다는 얘기입니다. 물론 그전에도 그들 나름대로의 달력이 있었겠지만 그 전에 쓰던 달력을 무시하고 바로 그 날을 1월 1일로 선포했습니다. 지금까지 어떻게 살아왔건 간에 지금까지는 이미 지나간 것이고 이제 새로 시작되는 날을 기념하여 그 날을 1월 1일로 삼았다는 뜻입니다.

그리고 그렇게 새로운 삶을 시작하는 날이 바로 성막을 세우는 날이었습니다. 비록 성막 없이 살던 때가 있기는 했지만 그것은 이미 지나간 것이고 이제 성막을 알았으니까 새로운 삶을 살아야 한다는 뜻입니다. 생활 속에 성막이 들어왔으면 새로운 인생을 살아야 한다는 얘기입니다.

"그런즉 누구든지 그리스도 안에 있으면 새로운 피조물이라 이전 것은 지나갔으니 보라 새 것이 되었도다"(고후 5:17)

누구든지 그리스도 안에 있으면 새로운 피조물입니다. 그리스도를 아느냐 모르느냐 하는 문제가 너무도 중요하기 때문에 다른 것은 따질 틈이 없습니다. 서울대학을 졸업하기만 하면 어느 초등학교를 나왔는지 따지는 것은 의미가 없는 것과 마찬가지입니다. 여기서 굳이 고등학교를 말하지 않고 초등학교를 거론한 것은 연결이 아닌 단절을 강조하고 싶기 때문입니다.

가령 여기에 어떤 병아리가 있다고 하면, 이 병아리의 생일이 언제겠습니까? 계란으로 태어난 날이 생일인지 아니면 계란에서 병아리로 부화된 날이 생일인지는 모르겠지만, 성막을 세운 날이 바로 그런 의미를 갖습니다. "태어난 날이 언제인지는 모른다. 어미 닭에서 계란으로 태어난 날이 언제인지는 모르겠는데 그래도 이제 병아리가 되었으니까 지금부터 너는 오늘이 1월 1일이다. 지금부터 본격적인 너의 인생이 시작되는 것이다" 하는 뜻입니다. 아닌게아니라 계란들끼리 모여 있을 때에는 계란의 크기나 색깔 등이 문제가 될는지 모르겠습니다만 일단 병아리가 되면 지나간 모든 것은 의미가 없습니다. 얼마 만큼 충실한 닭으로 자라느냐가 문제일 뿐입니다. 성막이 우리들에게 바로 그런 메시지를 주고 있습니다.

그런 성막을 구체적으로 어떻게 지을 것인지 하나님께서 말씀하시는 내용이 출애굽기 25장에 나옵니다.

"여호와께서 모세에게 일러 가라사대 이스라엘 자손에게 명하여 내게 예물을 가져오라 하고 무릇 즐거운 마음으로 내는 자에게서 내게 드리는 것을 너희는 받을지니라 너희가 그들에게서 받을 예물은 이러하니 금과 은과 놋과 청색 자색 홍색실과 가는 베실과 염소털과 붉은 물 들인 수양의 가죽과 해달의 가죽과 조각목과 등유와 관유에 드는 향품과 분향할 향을 만들 향품과 호마노며 에봇과 흉패에 물릴 보석이니라 내가 그들 중에 거할 성소를 그들을 시켜 나를 위하여 짓되 무릇 내가 네게 보이는 대로 장막의 식양과 그 기구의 식양을 따라 지을지니라"(출 25:1~9)

하나님께서 모세에게 일종의 작업 지시를 하신 것입니다. 특별히 8절을 보면, "내가 그들 중에 거할 성소를 그들을 시켜 나를 위하여 짓되"라고 되어 있습니다.

본래 하나님은 우리와 함께 계신 분입니다. 본래부터 함께 계신 분임에도 불구하고 굳이 함께 있는 것을 상징하는 특별한 장소를 택하여 함께 계심을 친히 보이시고 싶다는 의미입니다. 특별히 여기서 "내가 그들 중에 거할 성소"라고 하여 "거한다"는 표현이 나오는데, 이 "거한다"는 말은 요한복음 1장 14절의 "말씀이 육신이 되어 우리 가운데 거하시매…" 하는 표현과 동일한 표현입니다.

"너희 인간들이 장막(구약시대의 주거 공간, 지금으로 치면 집)을 치고 살아가고 있는 삶의 현장 한복판에 나도 너희하고 같이 장막을 치고 너희들과 같이 살겠다" 하는 뜻이나, "말씀이 육신이 되어 우리 가운데 거하시매…" 하는 표현이나 결국은 같은 맥락입니다.

또 성막을 만들라는 지시가 출애굽기 25장 9절에 나오는데 이렇게 되어 있습니다.

"무릇 내가 네게 보이는 대로 장막의 식양과 그 기구의 식양을 따라 지을지니라"

요즘 흔히 쓰는 표현을 빌리면 "잔말 말고 시키는 대로 하라!"는 뜻입니다. 이제 공부하게 될 내용이지만 성막의 구조를 자세히 살펴보면 이상한 점이 있습니다. 우선 성소에 창이 없습니다. 어떤 건물을 지으면서 창을 만들지 않았다면 이것은 분명히 넌센스입니다. 중대한 설계 착오입니다. 그리고 울타리 동편에 있는 문도 그렇습니다. 가로 세로가 100규빗(45.6m)과 50규빗(22.8m)인 작지 않은 규모의 성막에 굳이 문을 하나만 만든 것도 그렇고 또 그 문의 크기도 울타리의 크기에 비해서 너무 크게 설계되어 있습니다. 왜 그렇게 해야 하는지 고개가 갸웃거려지는 내용이 한둘이 아닙니다만, 그래도 하나님께서는 "잔말 말고 시키는 대로 하라!"는 것입니다. 요컨대 우리가 신앙생활을 하는데 있어서 하나님의 뜻을 얼마 만큼 잘 이해하느냐 하는 문제가 중요한 것이 아니라 하나님의 뜻에 얼마 만큼 잘 순종하느냐 하는 문제가 훨씬 더 중요하기 때문입니다.

그 다음에 또 생각할 수 있는 것은 하나님의 사역에는 쓰임 받지 않는 물건이 없다는 사실입니다. 여기에 대해서 출애굽기 35장 20~29절에 자세히 열거되어 있습니다.

"이스라엘 자손의 온 회중이 모세 앞에서 물러갔더니 무릇 마음이 감동된 자와 무릇 자원하는 자가 와서 성막을 짓기 위하여, 그 속에서 쓸 모든 것을 위하여, 거룩한 옷을 위하여 예물을 가져 여호와께 드렸으니 곧 마음에 원하는 남녀가 와서 가슴 핀과 귀고리와 가락지와 목걸이와 여러 가지 금품을 가져왔으되 사람마다 여호와께 금 예물을 드렸으며 무릇 청색 자색 홍색실과 가는 베실과 염소 털과 붉은 물 들인 수양의 가죽과 해달의 가죽이 있는 자도 가져왔으며 무릇 은과 놋으로 예물을 삼는 자는 가져다가 여호와께 드렸으며 무릇 섬기는 일에 소용되는 조각목이 있는 자는 가져왔으며 마음이 슬기로운 모든 여인은 손수 실을 낳고 그 낳은 청색 자색 홍색실과 가는 베실을 가져왔으며 마음에 감동을 받아 슬기로운 모든 여인은 염소털로 실을 낳았으며 모든 족장은 호마노와 및 에봇과 흉패에 물릴 보석을 가져왔으며 등불과 관유와 분향할 향에 소용되는 기름과 향품을 가져왔으니 마음에 원하는 이스라엘 자손의 남녀마다 여호와께서 모세의 손을 빙자하여 명하신 모든 것을 만들기 위하여 물품을 가져다가 여호와께 즐거이 드림이 이러하였더라"(출35:20~29)

금이나 은같이 값비싼 패물에서부터 심지어는 염소털이나 나무토막

(조각목)까지 모든 종류의 물건이 총동원되어 있습니다. 결국 능력이나 자질이 없어서, 혹은 갖고 있는 것이 없어서 하나님의 사업에 동참할 수 없다는 말은 순전히 핑계에 불과합니다. 마음만 있으면 누구나 동참할 수 있습니다.

출애굽기를 시작하면서 하나님께서 모세를 부르셨을 때도 그랬습니다. 떨기나무에 붙은 불로 모세를 찾아오신 하나님께서 모세에게 "이제 내가 너를 바로에게 보내어 너로 내 백성 이스라엘 자손을 애굽에서 인도하여 내게 하리라"(출 3:10) 하고 말씀하셨을 때 모세의 반응이 어떠했습니까?

"아이구, 하나님! 그래도 사람 볼 줄 아시네요. 제가 아니면 어느 누가 그런 일을 할 수 있겠습니까?" 하고 나선 것이 아니었습니다. 자기는 본래 말재간이 없어서 그런 일에는 적합치 않다고 한사코 거부하였습니다. 심지어 하나님께서 모세의 지팡이가 변하여 뱀이 되게 하고, 또 손에 문둥병이 발했다가 도로 낫게 하는 이적을 보였음에도 불구하고 모세는 완강하게 도리질을 쳤습니다.

"모세가 여호와께 고하되 주여 나는 본래 말에 능치 못한 자라 주께서 주의 종에게 명하신 후에도 그러하니 나는 입이 뻣뻣하고 혀가 둔한 자니이다"(출 4:10) 하는 것이 모세의 대답이었습니다.

사실 이때 모세의 생각으로 자기는 하나님께 쓰임 받기에 합당치 못하다고 느낄 만한 여건이 한둘이 아니었습니다. 우선 나이가 이미 팔십 고령이었습니다. 게다가 우리나라 속담에 겉보리 서말만 있어도 안 한다는 처가살이를 사십년째 하고 있는 형편이었습니다. 그러니 "하나님, 제 나이가 이미 팔십입니다. 그러니 이 나이로 이제 와서 무엇을 할 수 있겠습니까?" 하고 말씀드릴 수도 있었을 것이고, 아니면 "하나님, 제 형편을 보십시오. 저를 따르는 추종자가 있는 것은 고사하고 저는 제 몸

하나 제대로 간수하지 못하는 신세입니다. 그런데 그런 일을 어떻게 하겠습니까?" 하는 식으로 말씀드릴 수도 있었을 것입니다. 그런데 가장 힘주어 말한 내용이 자기는 말이 어눌해서 못한다고 했으니 아마도 모세는 단순한 엄살이 아니라 말주변이 없어도 단단히 없었던 모양입니다. "하나님, 저는 입이 뻣뻣하고 혀가 둔하여 못합니다" 하는 모세의 말에 하나님께서도 "속보이는 소리 하지 말라!"고 윽박지르지 않으신 것을 보니 그가 말을 잘못한다는 사실은 하나님께서도 수긍하신 내용이라는 뜻입니다.

하지만 그런 모세의 우려에도 불구하고 이스라엘 백성을 가나안으로 인도하는 도중에 그의 말주변 때문에 리더십에 문제가 생긴 적은 없었습니다. 물론 이스라엘 백성들은 광야생활 내내 불평을 하기는 했지만 모세의 말주변과는 전혀 관계없는 불평이었습니다.

제 개인적인 말씀을 드리면 당시 모세의 마음을 저만큼 잘 이해하는 사람도 드물 것입니다. 저는 어렸을 때부터 말이 빨랐습니다. 빠르기만 한 것이 아니라 가끔 더듬기도 하고 발음도 안 좋습니다. 또 말투가 투박하고 퉁명스럽기까지 합니다.

그러니 대학을 졸업하고 5년 넘게 직장생활을 하면서, 내가 가야 할 길은 따로 있다는 사실을 알기는 했지만 도저히 신학을 시작할 엄두가 안 나는 가장 큰 이유가 저의 말주변 때문이었습니다. 목회를 하면 노상 해야 하는 일이 설교인데 말도 제대로 못하는 주제에 무슨 수로 설교를 하느냐는 한탄이 항상 저를 괴롭혔습니다. 그러다가 결국 신학 공부를 시작하게 되었고 그렇게도 걱정하고 우려하던 설교도 하게 되었습니다. 정말로 희한한 것은 차마 남에게 공개하기 어려운 말주변으로 설교를 하는데도 교인들은 전혀 불편해 하지 않더라는 사실입니다.

결국 갖고 있는 것이 문제가 아니라 드리는 것이 문제라고 하겠습니다. 하나님은 우리의 재능을 쓰시는 것이 아니라 순종을 쓰십니다.

이렇게 해서 성막을 만들기 위한 작업을 진행하는데 성막을 만들기 위해서는 우선 재료들을 모아야 합니다. 그리고 재료들을 모을 때의 이야기가 이렇게 소개됩니다.

"모세가 브살렐과 오홀리압과 및 마음이 지혜로운 사람 곧 그 마음에 여호와께로 지혜를 얻고 와서 그 일을 하려고 마음에 원하는 모든 자를 부르매 그들이 이스라엘 자손의 성소의 모든 것을 만들기 위하여 가져온 예물을 모세에게서 받으니라 그러나 백성이 아침마다 자원하는 예물을 연하여 가져오는 고로 성소의 모든 일을 하는 지혜로운 자들이 각기 하는 일을 정지하고 와서 모세에게 고하여 가로되 백성이 너무 많이 가져오므로 여호와의 명하신 일에 쓰기에 남음이 있나이다 모세가 명을 내리매 그들이 진중에 공포하여 가로되 무론 남녀하고 성소에 드릴 예물을 다시 만들지 말라 하매 백성이 가져오기를 정지하니 있는 재료가 모든 일을 하기에 넉넉하여 남음이 있었더라"(출 36:2~7)

백성들이 성막을 만들기 위한 재료를 너무 많이 가져오는 바람에 오히려 작업에 방해가 되었다는 얘기입니다. 요즘말로 옮기면 이렇게 되겠습니다. 어느 교회에서 목사님께서 예배 중에 광고하기를, "성도 여러분, 요즘 우리 교회에 헌금이 너무 많이 들어옵니다. 제발 헌금들 좀 그만 하십시오. 여러분이 내는 헌금을 정리하느라고 교회에서 다른 일을 전혀 하지 못하고 있습니다. 그러니 제발 헌금 좀 자제하시기를 부탁드립니다."

물론 구약 시대와 지금은 시대적인 격차가 크기는 하겠습니다만 도무지 얼마 만큼 헌금이 들어오면 이런 광고를 하게 될는지 상상이 안됩니다.

그런데 여기서 짚고 넘어가야 할 사실이 있습니다. 지금 이스라엘 백성들은 무려 400년 동안을 애굽에서 노예로 지내다가 이제야 막 자유를 찾은 사람들입니다. 전쟁에서 승리해서 전리품을 챙겨 개선하는 사람들도 아니고 장사를 해서 떼돈을 벌고 금의환향하는 사람들도 아닙니다. 그런데 성막을 만들기 위한 금은 패물이 다 어디에서 났겠습니까? 베실이나 염소털, 조각목 같은 것이야 있을 수 있겠지만 노예생활을 하던 사람에게서 값비싼 보석류가 나온다는 것은 분명히 어색한 일입니다.

여기에 대한 대답은 출애굽 직전에서 찾아볼 수 있습니다.

"여호와께서 모세에게 이르시기를 내가 이제 한 가지 재앙을 바로와 애굽에 내린 후에야 그가 너희를 여기서 보낼지라 그가 너희를 보낼 때에는 여기서 정녕 다 쫓아내리니 백성에게 말하여 남녀로 각기 이웃들에게 은, 금패물을 구하게 하라 하시더니 여호와께서 그 백성으로 애굽 사람의 은혜를 받게 하셨고 또 그 사람 모세는 애굽국에서 바로의 신하와 백성에게 심히 크게 뵈었더라" (출 11:1~3)

"이스라엘 자손이 모세의 말대로 하여 애굽 사람에게 은금 패물과 의복을 구하매 여호와께서 애굽 사람으로 백성에게 은혜를 입히게 하사 그들의 구하는 대로 주게 하시므로 그들이 애굽 사람의 물품을 취하였더라" (출 12:35~36)

그러니까 하나님께서 출애굽 직전에 미리 은금 패물을 챙길 수 있도록 조치를 취해 놓으신 것입니다.

그러면 하나님께서 대체 왜 그렇게 하셨겠습니까? 설마 400년 동안 종살이를 했으니까 그 동안 밀린 인건비를 받아가라고 그런 것은 아닐 것입니다. 하나님께서 어떤 계획이 있으셔서 미리 준비하게 하신 것입니다. 우리는 어떤 일을 설명할 때 "우연"이라는 단어를 쓰지만 하나님께는 우연이 없습니다. 하나님께는 모든 것이 섭리이고 계획이고 예정입니다. 결국 이때의 은금 패물도 하나님께서 미리 성막을 만들기 위한 준비 작업이었습니다. 하나님께서는 이미 "내가 이들로 홍해를 건너게 한 다음에는 시내산으로 인도하고, 거기서 이들에게 십계명을 주고 또 성막을 만들게 해야지" 하는 계획을 세워 놓으셨다는 뜻입니다.

이때 하나님께서 준비하신 것은 비단 소요되는 물품만이 아니었습니다. 사람도 미리 준비해 놓으셨습니다.

"여호와께서 모세에게 일러 가라사대 내가 유다 지파 훌의 손자요 우리의 아들인 브살렐을 지명하여 부르고 하나님의 신을 그에게 충만하게 하여 지혜와 총명과 지식과 여러 가지 재주로 공교한 일을 연구하여 금과 은과 놋으로 만들게 하며 보석을 깎아 물리며 나무를 새겨서 여러 가지 일을 하게 하고 내가 또 단 지파 아히사막의 아들 오홀리압을 세워 그와 함께 하게 하며 무릇 지혜로운 마음이 있는 자에게 내가 지혜를 주어 그들로 내가 네게 명한 것을 다 만들게 할지니 곧 회막과 증거궤와 그 위의 속죄소와 회막의 모든 기구와 상과 그 기구와 정금 등대와 그 모든 기구와 분향단과 번제단과 그 모든 기구와 물두멍과 그 받침과 제사직을 행할 때에 입는 공교히 짠 의복 곧 제사장 아론의 성의와 그 아들들의 옷과 관유와 성소의 향기로운 향이라 무릇 내가 네게 명한 대로 그들이 만들지니라"(출 31:1~11)

하나님께서는 출애굽 이전에 성막을 만들 재료와 사람을 미리 준비시켜 놓으셨습니다. 그런데 이런 하나님의 뜻과는 너무도 엉뚱한 일이 성막을 만들기 전에 먼저 벌어지게 됩니다. 모세가 시내산에 올라가서 40일을 주야로 금식하며 하나님께로부터 십계명과 성막 설계도를 받을 때, 모세가 없는 틈에 백성들이 사고를 친 것인데 출애굽기 32장에 나오는 금송아지 사건이 바로 그것입니다.

"백성이 모세가 산에서 내려옴이 더딤을 보고 모여 아론에게 이르러 가로되 일어나라 우리를 인도할 신을 우리를 위하여 만들라 이 모세 곧 우리를 애굽 땅에서 인도하여 낸 사람은 어찌 되었는지 알지 못함이니라 아론이 그들에게 이르되 너희 아내와 자녀의 귀의 금고리를 빼어 내게로 가져오라 모든 백성이 그 귀에서 금고리를 빼어 아론에게로 가져오매 아론이 그들의 손에서 그 고리를 받아 부어서 각도로 새겨 송아지 형상을 만드니 그들이 말하되 이스라엘아 이는 너희를 애굽 땅에서 인도하여 낸 너희 신이로다 하는지라 아론이 보고 그 앞에 단을 쌓고 이에 공포하여 가로되 내일은 여호와의 절일이니라 하니 이튿날에 그들이 일찌기 일어나 번제를 드리며 화목제를 드리고 앉아서 먹고 마시며 일어나서 뛰놀더라"(출 32:1~6)

모세가 없는 사이에 이스라엘 백성들이 금으로 송아지 형상의 우상을 만들고 거기에다 경배했다는 얘기인데 여기서도 그렇습니다. 노예 생활을 하던 사람들에게 무슨 금이 있었겠습니까? 노예 생활을 하는 동안 언젠가 고국으로 돌아갈 날을 소망하면서 장롱 깊숙이 숨겨두었던 금이라고는 생각되지 않습니다. 그러니 여기에 쓰인 금도 역시 출애굽 당시 하나님께서 있게 하신 금이었습니다. 하나님께서는 장차 성막을 만드실 계획을 갖고 이 모든 일을 추진하신 것인데 이스라엘 사람들은 하나님이 허락하신 것을 가지고 하나님의 계획대로 성막을 만든 것이 아니라 우상을 만들었던 것입니다.

지금 우리도 마찬가지입니다. 만일 우리에게 건강이 있다면 그것은 분명히 하나님께서 어떤 의도가 있으셔서 우리에게 허락하신 것입니다. 물질이 있다면 그 물질도 그렇고, 시간이 있다면 그 시간도 역시 그렇습니다. 그러니 혹시 하나님께서 주신 것을 가지고 하나님의 의도와는 전혀 관계없는 엉뚱한 곳에다 쓰고 있지나 않은지 각자 자기 자신을 확인해 보아야 할 것입니다.

이것을 고발하는 사건이 바로 금송아지 사건이고, 같은 맥락으로 호세아 선지자는 이렇게 탄식했습니다.

"곡식과 새 포도주와 기름은 내가 저에게 준 것이요 저희가 바알을 위하여 쓴 은과 금도 내가 저에게 더하여 준 것이어늘 저가 알지 못하도다"(호 2:8)

어떤 남자에게 애인이 있는데 나중에 알고 봤더니 그 여자에게는 사귀는 남자가 자기 말고도 또 있더라고 하면 그것은 정말로 기가 막힌 노릇입니다. 게다가 자기가 그 여자에게 선물한 물건을 그 남자가 갖고 있다면 그것은 기가 막히다는 정도로는 설명이 안 됩니다. 당연히 그 사이는 깨져야 합니다. 만일 그런 일을 당하고도 그 여자를 계속 사랑하는 남자가 있다면 그 남자는 분명히 평범한 남자가 아닙니다.

이스라엘과 하나님이 바로 그렇습니다. 이스라엘은 계속 하나님을 향하여 배역하고 하나님은 그런 이스라엘을 끝까지 사랑하신다는 얘기가, 우리가 매주일마다 들고 다니는 성경책에 가득 차 있습니다.

앞에서 성막 기구의 배열은 구원의 진행과 조화된다는 말씀을 드렸는데 실제로 그렇습니다.

바깥에는 울타리가 있고 울타리 동편의 출입문을 통해서 들어가면 가장 먼저 나오는 것이 번제단입니다. 그 다음에 물두멍이 있고 물두멍을 지나면 성소가 있는데 그 안에는 금촛대와 떡상 그리고 분향단이 있습니다. 그 뒤에 휘장으로 성소와 지성소를 구분하고 있고 휘장 너머 지성소에는 하나님의 임재를 나타내는 언약궤가 있는데 이것이 우리의 신앙여정 내지는 신앙 성숙을 상징하고 있습니다.

일단 문으로 들어가면 구원을 얻습니다. 가장 먼저 할 일은 번제단에서 제물을 드리는 일입니다. 자신을 불태우는 것입니다. 이것은 주님의 십자가를 통한 대속사역을 보여줍니다. 물론 그것으로 끝난 것은 아닙니다. 구원은 얻었지만 그래도 세상을 살다 보면 죄는 범하게 되는데, 한 번 얻은 구원은 취소되지 않지만 구원 얻은 신분에서 범한 죄는 계속 회개하면서 자신을 성결케 하여야 합니다. 이것을 보여주는 것이 물두멍입니다. 그 다음에 성소 안에 들어가면 떡상은 영의 양식, 생명의 떡, 예수님을 나타내고, 금촛대는 성령의 조명, 분향단은 우리의 기도, 언약궤는 하나님의 임재를 나타냅니다.

상당히 많은 신자들의 신앙이 번제단에서 멈춥니다. 구원은 얻었는데 더 이상 신앙이 자라지를 않습니다. "예수를 믿는다, 안 믿는다" 하고 신앙의 유무만을 흑백논리로 구분합니다. 예수를 믿되 얼마 만큼 믿는지 전혀 나타나지 않습니다. 하다못해 배우자를 골라도 눈, 코, 귀, 입이 있는지 없는지를 보는 것이 아니라 얼마 만큼 잘 생겼는지를 봅니다. 한글을 깨쳤는지를 보지 않고 어느 대학을 나왔는지를 따집니다. 하루 세끼 밥을 먹을 수 있는지 여부를 따지지 않고 월수입을 따집니다. 그런데 신앙에 있어서는 단지 예수를 믿느냐 마느냐만 따집니다. "신앙의 성숙"이라는 개념이 없습니다.

또 어떤 사람들은 물두멍에서 멈춥니다. 지성소까지 나가려는 노력이 없습니다. 죄에서 벗어나는 것에 급급하여 거룩으로 나아갈 줄을 모릅니다. 군대에서 흔히 하는 애기로 병장이라고 다 같은 병장이 아닙니다. 다음 달에 제대하는 말년병장이 있는가 하면 방금 진급신고를 마친 물병장도 있습니다. 이등병이 보기에는 비슷하게 보일는지 모르겠지만 둘 사이의 군번에는 엄청난 차이가 있습니다.

우리의 신앙도 그렇습니다. 교회 바깥에 있는 것과 교회 안에 있는 것은 물론 엄청난 차이가 있습니다. 비슷하지도 않습니다. 교회 밖에 있는 사람을 기준으로 생각하면 교회 안으로 들어오는 것보다 더 이상 급한 일은 있을 수 없습니다. 하지만 교회 안에 있다고 해서 다 같은 교회 안은 아닙니다. 구원을 얻었느냐 못 얻었느냐를 따지지 말고 구원 얻은 사람들만을 모아놓고 따지면, 각자의 신앙 여정이나 수준에는 분명한 차이가 있습니다. 그러니 우리는 성막을 공부하면서 각자 자기 신앙의 현 주소가 어디에 있는지를 점검하여야 합니다.

이러한 성막 안에 무엇이 있는지 성막 밖에서는 보이지 않습니다. 고작해야 울타리만 보일 뿐입니다. 교회 밖에서 사람들이 보는 교회가 바로 그렇습니다. 그 안에서 어떤 일이 전개되고 있는지 들어와서 직접 확인해 보기 전에는 모릅니다. 성막 바깥에서는 울타리밖에 보이지 않았던 것처럼 지금도 교회 밖에서는 교회당이라는 건물밖에 보이지 않습니다. 고작 우호적으로 평가해 봐야, 저 안에 있는 사람들은 그렇지 않은 사람보다 도덕적으로 조금 선하리라는 정도의 기대밖에 없을 것입니다. 실제 그 안에서 이루어지는 구원의 사역이 얼마나 놀라운 것인지는 교회 안으로 들어와서 자기 눈으로 직접 보기 전에는 모릅니다.

그러니까 일단 성막 안으로 들어온 용서받은 죄인들이 성막 안에 배열된 기구들을 따라 진행하면서 그 신앙이 성숙해야 합니다. 우리의 신앙은 예수 믿고 구원 얻는 것으로 끝이 아니라 구원 얻은 다음에도 계속 자라야 합니다. 우리의 신앙이 계속 자라야 한다는 사실에는 논의의 여지가 없습니다. 히브리서 10장 11절에 보면 "제사장마다 매일 서서 섬기며 자주 같은 제사를 드리되 이 제사는 언제든지 죄를 없게 하지 못하거니와"라고 기록되어 있는데, 제사장들이 매일 서서 일을 해야 했다고 성경에 기록되어 있는 것처럼 성소 안에는 의자가 없었습니다. 성소는 안식의 자리가 아니라 사역의 자리였다는 뜻입니다. 이처럼 주님의 은혜 안으로 부름을 받은 우리에게는 쉴 틈이 없어야 합니다. 우리를 하나님께로 인도하시고자 하는 주님의 구원 사역에 쉴 틈이 없는 것처럼 우리의 신앙 여정도 당연히 그래야 합니다.

조각목

출 25:10~13

그들은 조각목으로 궤를 짓되 장이 이 규빗 반, 광이 일 규빗 반, 고가 일 규빗 반이 되게 하고 너는 정금으로 그것을 싸되 그 안팎을 싸고 윗가로 돌아가며 금테를 두르고 금고리 넷을 부어 만들어 그 네 발에 달되 이편에 두 고리요 저편에 두 고리며 조각목으로 채를 만들고 금으로 싸고

조각목

성막에 대한 설명이 성경에는 하나님의 임재를 상징하는 지성소로부터 시작되었습니다. 하지만 구원 사역의 진행 순서상 바깥(울타리)에서부터 안(지성소)으로 차례대로 각 기구를 살펴보고자 하는데, 먼저 조각목을 살펴보겠습니다.

조각목은 성막의 거의 모든 기구에 쓰였습니다. 순금으로 된 것 몇 가지를 제외하고는 거의가 금을 입힌 조각목이 사용되었습니다. 번제단은

〈조각목〉

〈조각목을 배경으로〉

조각목에다 놋을 씌웠고, 물두멍은 놋으로만 되어 있는데 번제단과 물두멍을 제외한 나머지 떡상이나 언약궤, 성소를 만든 벽(널판) 등이 모두 그렇습니다.

  이 조각목은 사진에서 보는 것처럼 나무가 별로 잘 생기지를 못했습니다. 별로 크지도 않고 말라 비틀어진 나무입니다. 제가 이 사진을 성지순례를 갔다가 요르단에서 찍었는데 그때 그랬습니다. 우리 일행을 태운 버스가 출애굽 여정을 따라서 광야를 한창 달리던 중에 가이드가 "지금 차창 밖으로 보이는 나무가 바로 조각목입니다." 하고 얘기했습니다. 그러자 우리 일행 중 누군가가 기념 사진을 찍자고 하면서 차를 세울 것을 부탁했는데, 조금만 더 가면 기념 사진을 찍을만한 아주 잘 생긴 조각목이 있으니까 거기서 차를 세우겠다고 대답했습니다. 그러니까 사진에서 보는 조각목이 그 광야 일대에서는 제일 잘 자란 조각목이라는 뜻입니다. 그 코스로 성지 순례를 하는 사람들마다 단골로 들르는 조각목이 바로 사진에 나온 조각목인데 겨우 이 정도입니다.

사실 그렇습니다. 성막을 만드는데 쓰일 나무라면 조각목보다는 백향목이 훨씬 더 어울립니다. 조각목은 우리나라로 치면 아카시아 나무에 해당합니다. 물론 우리나라의 아카시아 나무와 똑같지는 않습니다만 어쨌든 곧게 자라지도 않고 나무도 울퉁불퉁하고 잘 생기지도 않았습니다. 그런데 백향목은 안 그렇습니다. 일단 나무부터 귀족스럽습니다. 품위도 있습니다. 그러니 성막을 만드는데 조각목을 재료로 하지 않고 백향목으로 했으면 일단 보기도 좋고 향기도 있고 때깔도 곱습니다. 일하기도 편할 것입니다. 다 좋은데 그래도 하나님께서는 조각목을 쓰게 하셨습니다. 물론 그 일대에 나무라고는 조각목 뿐이라는 것이 일차적인

〈백향목〉

이유겠습니다만 그것은 어차피 하나님 마음대로 입니다. 성막을 만들 재료들도 출애굽 전부터 미리 준비시키셨던 것처럼, 하나님께서 원하셨다면 미리 그 곳에 백향목이 자라게 하셨으면 간단한 일입니다. 그런데 그렇게 하지 않으셨습니다. 무슨 뜻인고 하니 "성막은 조각목으로 만들라"는 뜻입니다. 우리에게 조각목을 다듬는 수고를 요구하신 것입니다. 이 조각목을 다듬는 수고가 바로 조각목처럼 별볼일 없는 우리를 다듬는 하나님의 마음입니다.

제가 중학교, 고등학교를 다닐 때 어머님이 저를 나무랄 때마다 그러셨습니다. "그래, 너도 이 다음에 너같은 새끼 둘도 말고 딱 하나만 낳아서 키워봐라" 그러니 제가 어렸을 적에는 부모님 말씀을 어지간히도 안 들었던 모양인데 조각목이 바로 그렇다는 얘기입니다. 조각목 하나 하나를 다듬으면서 우리가 하나님 보시기에 얼마나 보잘것없고 어느 만큼 형편없는 존재인지 스스로 체험해 보라는 얘기입니다.

하나님의 사역에 쓰임 받으려면 일단 본래 있던 자리에서부터 베어내져야 하고 그 다음에는 다듬어져야 합니다. 그리고 거기에 금이 입혀져야 합니다. 바로 이것이 신자된 우리의 모습이고, 조각목이 또한 그렇습니다.

이 조각목이 성막의 구성 요소가 되기 위해서는 몇 단계의 과정을 거쳐야 하는데 그 과정은 다음과 같습니다.

① 택함 받고 잘림

조각목이 하나의 성물로 쓰임 받으려면 먼저 그 나무가 택함을 받아야 합니다. 지금 뿌리 내리고 있는 터전에 그대로 있으면 안됩니다. 도끼로 잘리든 톱으로 잘리든 하여간 잘려야 합니다. 그리고 심겨져 있던 자리에서 성소에까지 옮겨와야 합니다. 즉 세상에서부터 분리되어야 합니다. 한 번 베임 받은 나무는 다시 살지 못합니다. 사실은 그것이 진짜로 사는 것이고 영원히 사는 것인데 적어도 잘리는 순간에는 죽은 것입니다.

어쩌면 베이는 순간까지는 택함 받았다고 좋아할지 모릅니다. 나무한테도 생각이 있다면 베임 받는 그 순간에는 남다른 기쁨이나 감격이 있을는지도 모릅니다. "난 너희하고 다르다. 너희는 그냥 이렇게 광야에 살다가 광야에서 죽어가겠지만 나는 특별하게 택함 받았다" 하고 베임 받는 순간은 폼이 날는지 모르겠지만 이후의 인생 여정은 베이지 않은 다른 나무보다 훨씬 더 고달프게 됩니다. 그냥 광야에 있었으면 그대로 있으면 됩니다. 뿌리에서부터 올라오는 진액을 받으면서 살면 되는데, 베임 받는 순간부터는 다른 인생을 살아야 합니다. 어떤 작품으로 만들어져야 하기 때문에 고달픔을 감수해야 합니다. 껍질도 벗겨져야 하고 모양도 다듬어져야 합니다.

어떤 실력있는 과외 선생이 있다고 가정합시다. 누구든지 그 선생과 1년만 같이 합숙을 하면 대학 합격이 보장될 만큼 실력있는 과외 선생을 어떤 집에서 특별히 초빙했다고 하면, 그런 선생을 초빙한 다음부터 그 집 학생은 전혀 다른 학생이 되어야 합니다. "너, 앞으로 나하고 1년간만 같이 고생하자. 그러면 네 대학 입학은 내가 책임지마!" 하는 말을 듣는 순간에는 좋을지 모르겠지만 이제 그 선생과 함께 보내는 1년은 완전히 죽은 목숨입니다. 정말로 좋은 것은 1년만 있으면 대학 합격이 보장된다는 사실이지 지금 당장 지내기 좋은 것은 결코 아닙니다.

베임 받은 조각목이나 신자로 택함 받은 우리의 삶이 바로 그렇습니다. 말라 비틀어진 본래 모습 그대로는 쓰이지 못합니다. 쓰임 받기 위해서 변화되어져야 하는데, 변화 받는다는 것은 결국 고통스러운 것입니다.

② 껍질 벗김

껍질이 있는 채로는 사용할 수 없습니다. 그러니 베임 받은 다음에는 껍질을 벗겨내야 합니다. 이 과정은 나무 입장으로는 견딜 수 없는 고통입니다.

우리가 구원 얻는 즉시 거룩해지는 것은 아닙니다. 분명히 믿지 않는 사람이었다가 믿는 사람이 되었으니까 구원 얻은 사람은 되었는데 이것은 어디까지나 신분의 얘기지 수준의 얘기가 아닙니다. 구원은 얻었어도 아직도 이 세상에서 살던 세속적인 가치관과 사고 판단은 여전히 자기 몸에 덕지덕지 붙어 있습니다. 그러니 이것을 자기 몸에서 제거해 내는 작업을 하여야 합니다. 실제로 교회에서 그런 모습은 자주 보입니다. "어떻게 예수 믿는 사람이 저럴 수 있느냐?" 하는 문제입니다. 당연히 그런 경우가 있을 수 있습니다. 아직 덜 만들어졌기 때문입니다.

아마 이 글을 읽는 사람들은 이제 나이를 먹는 것이 싫을 것입니다. 하지만 어렸을 때는 그렇지 않습니다. 몇 밤만 자면 또 한 살을 더 먹는지를 손가락을 꼽아가면서 기다립니다. 이제 초등학교 3학년인 제 딸도 그랬습니다. 애가 네 살에서 다섯 살이 될 때의 일입니다. 일주일 전부터 한 살 더 먹는 날을 손꼽아 기다렸습니다. 이제 일곱 밤만 자면 다섯 살이다… 이제 세 밤만 자면 다섯 살이다. 두 밤만 자면 다섯 살이다. 한 밤만 자면 다섯 살이다… 하다가 결국 다섯 살이 되었습니다.

"엄마, 나 이제 다섯 살이지?"

"응."

"좋아, 이제 다섯 살이니까 얼마나 컸나 봐야지" 하고는 저울 위로 올라갔습니다. 자기 딴에는 네 살이었다가 다섯 살이 되었으니까 그만큼 컸을 것이라고 기대하고 저울 위로 올라갔는데 전혀 그게 아니었습니다다. 아무리 봐도 저울 눈금이 그대로니까 깜짝 놀라서 소리쳤습니다.

"엄마! 이 저울이 나 이제 다섯 살인 거 아직 모르나봐!"

네 살이었다가 다섯 살이 된 것은 분명히 큰 사건입니다. 의미있는 일입니다. 하지만 그렇다고 해서 한꺼번에 몸무게가 늘지는 않습니다. 교회 밖에 있다가 교회 안으로 들어오는 것도 그렇습니다. 분명히 의미있는 일이고 큰 사건입니다. 하지만 한꺼번에 거룩해지지는 않습니다. 거룩해지는 것은 앞으로 남아있는 과정입니다. 거룩해지는 것은 마치 나무한테서 껍질을 벗기는 것처럼 견디기 힘든 고통이고 계속 자기에게 주어진 일종의 숙제입니다.

어렸을 적에는 누구나 부모님과 목욕을 같이 갑니다. 저도 역시 그랬습니다. 아버지와 형과 같이 목욕을 가면 아버지께서 때를 밀어주곤 하셨는데, 팔이나 다리, 등의 때를 미는 것은 그래도 괜찮은데 목의 때를 미는 것은 정말 싫었습니다. 너무 아팠기 때문입니다. 하지만 아무리 아파도 그것은 단지 때를 벗기는 것이지 가죽을 벗기는 것은 아닙니다. 그런데도 마치 가죽을 벗기는 것처럼 아팠고 그래서 그만큼 엄살도 많이 했었습니다. 그런데 형은 얌전히 있었습니다. 그것을 보고 저는 "아, 어느 정도 나이만 먹으면 목의 때를 밀어도 전혀 아프지 않게 되는 거로구나!" 하고 생각을 했었는데 나중에 알고 봤더니 나이를 먹으면 때를 밀어도 아프지 않게 되는 것이 아니라 단지 참을성이 생기는 것이었습니다.

우리에게 있는 고난도 그렇습니다. 우리에게 있는 고난은 단지 필요없는 때를 벗기는 것이지 가죽을 벗기는 것이 아닙니다.

우리에게 있는 세속적인 가치관과 사고 판단을 벗기는 것은 그렇게 쉽지 않은 작업입니다. 한꺼번에 되지도 않습니다. 어릴 때 목욕탕에 끌려가서 목 때를 벗기는 것보다 훨씬 더 힘든 일입니다. 그리고 이것을 잘 견디면 그만큼 철이 든 것입니다.

"너희는 유혹의 욕심을 따라 썩어져 가는 구습을 좇는 옛 사람을 벗어버리고 오직 심령으로 새롭게 되어 하나님을 따라 의와 진리의 거룩함으로 지으심을 받은 새 사람을 입으라"(엡 4:22~24)

바로 이 과정이 나무에서부터 껍질을 벗겨내는 과정입니다. 누구든지 금방 부름 받은 때는 세속적인 사고와 가치관으로 덕지덕지 얼룩진 상태로 하나님 앞에 서게 됩니다. 그러니까 이것을 벗어 버려야 합니다. 일단 자기가 입고 있던 옷을 벗어야 새로운 옷을 입을 수 있기 때문입니다.

③ 말림

껍질만 벗기면 다 되느냐 하면 그렇지 않습니다. 껍질을 벗겨도 아직도 남아 있는 수분이 있습니다. 이것까지(겉에서 안 보이는 것까지) 제거해야 합니다. 껍질을 벗기는 것만으로 나무 입장에서는 자족할 수 있습니다. 적어도 외견상으로는 다 된 것 같습니다. 하지만 그렇지 않습니다. 껍질을 벗겨내는 것이 세상 욕심을 따르던 사고방식이라든가 가치 기준 등 우리의 겉모습에 해당된다면, 수분을 말리는 것은 눈에 잘 보이지 않는 다른 부분이라든가 혹은 도저히 포기하거나 양보하기 싫은 마지막 부분에 해당되는 것입니다.

예수님께서 잡혀가시던 밤에 베드로가 칼을 꺼내어 말고의 귀를 베자, 예수님께서는 오히려 베드로를 꾸짖으시면서 "이것까지 참으라"고 하셨습니다.

그러니까 도저히 참을 수 없는 것을 참는 것이 곧 말리는 과정입니다. 아마도 이것은 사람마다 다르겠지만 여기에 해당하는 대표적인 것이 있다면 자존심일 것입니다. "보자 보자 하니까 난 뭐 자존심도 없는 줄 아나?" 하는 마음이 누구에게나 있습니다. 다른 것은 다 포기할 수 있어도 자존심을 버린다는 것은 보통 일이 아닙니다.

"…아무든지 나를 따라오려거든 자기를 부인하고 자기 십자가를 지고 나를 좇을 것이니라"(마 16:24)

자기를 부인한다는 얘기는 자기 자신이 송두리째 부인된다는 얘기입니다. 자존심만 빼고 다른 것만 부인되는 것이 아닙니다.

어떤 재벌 2세가 있었습니다. 재벌 2세인데도 생각이 굉장히 건전하여 고급 외제차를 타고 다닐 재력이 되는데도 한사코 티코를 타고 다니는 사람입니다. 옆에서 친구들이 아무리 비아냥거려도 전혀 개의치 않습니다. 자기 나이에 무슨 중형차냐고 하면서 티코를 타고 다닙니다. 그런데 어느 날 약속이 있어서 호텔에 갔다가 작은 차라고 호텔 종업원에게 괄시를 받았습니다. 그러면 그것은 못 참습니다. 충분한 재력이 있음에도 불구하고 티코를 타고 다니는 것까지는 할 수 있는데 호텔 종업원에게 괄시를 받으면 "보자 보자 하니까 내가 뭐 돈이 없어서 티코 타고 다니는 줄 아나?" 하고 자기 성질이 나오는 것입니다. 이게 잘못입니다. 이것까지도 참아야 합니다.

비슷한 예로 연애를 해보면 그렇습니다. 어떤 커플이든지 연애 기간 중에는 티격태격 싸움이 있기 마련인데 그 이유는 전부 다 자존심 때문입니다. 아무리 사랑하는 사이라고 해도 내가 상대방을 사랑하는 만큼 상대방은 자기를 사랑하지 않는다고 느끼면 그것은 못 참습니다. 또 신혼부부들도 그렇습니다. 아무리 금슬이 좋아서 죽고 못 사는 사이라고 해도 누가 누구를 먼저 좋아했느냐 하는 문제에서는 항상 의견이 엇갈립니다. 전부 다 자기가 상대방을 구제해줬다고 우깁니다. 이것이 자존심입니다.

 중국의 4대 기서 중의 하나인 삼국지연의를 읽다 보면 그런 내용이 자주 나옵니다. 전쟁 중에 잡힌 장수가 상대방 장수에게 마지막으로 바라는 아량이 빨리 죽여 달라는 것입니다. 이미 포로가 된 몸 어차피 죽기를 각오했으니 자존심 상하게 항복하라느니 쓸데없는 얘기하지 말고 빨리 죽여 달라는 것이 마지막으로 상대방에게 바라는 아량입니다. 자존심은 그만큼 버리기 힘든 것입니다. 바로 이것이 조각목을 말리는 과정입니다. 이렇게 해야 비로소 성물이 될 자격이 생깁니다.

④ 곧게 만듦 ~ 대패질

 조각목을 베어내고, 껍질을 벗기고, 말리면 곧바로 성물로 쓸 수 있느냐 하면 그렇지 않습니다. 곧게 다듬어야 합니다. 즉 대패질을 하여야 합니다. 그런데 재미있는 것은 그렇게 곧게 만들면 본래 크기보다 작아진다는 사실입니다. 그러면 이것은 나무 입장에서는 억울한 일입니다. 이 모습을 교회로 옮기면, 자기가 전에는 그런 사람이 아니었는데 모처럼 마음먹고 하나님의 일을 한다고 나서고 보니 본래 자기 모습을 알아주지 않더라는 것입니다. "야! 이거 정말 교회만 아니었어도…" 하는 불평이 불쑥 나올 수 있습니다.

 제가 아는 어떤 목사님이 석사 학위까지 취득하고 직장 생활을 하시다가 신학 공부를 좀 늦게 하셨습니다. 사십 넘은 나이에 조그마한 교회를 담임하시는데 겨울이면 기름통을 들고 난로마다 기름을 넣고, 일주일에 세 차례씩 대걸레를 들고 예배당 청소를 하시고, 행사만 있으면 전봇대에 올라가서 현수막을 거십니다. 사십 넘은 나이에 직장 생활을 하고 계셨으면 그런 궂은 일하고는 전혀 관계없을 수도 있는데 이 모든 것이 교회라는 이유로 가능한 것입니다.

실제로 강남에 있는 모교회에서는 국회의원이 차량 안내를 한다고 들었습니다. 우리나라에서 국회의원이라면 어디를 가든지 "귀하신 몸"으로 통할텐데, 그런 "귀하신 몸"이 안내 리본을 달고 차량 주차를 돕는 모습은 아마도 교회 말고는 없을 것입니다. 교회에서는 이런 모습이 많아야 합니다. 껍질을 벗기고, 말리고, 대패로 다듬어서 본래 크기보다 왜소해진 모습이 바로 이런 것인데, 우리가 교회를 제대로 섬기려면 이렇게 "교회니까 참는다" 하는 경우가 많아져야 합니다. 얼마 만큼 많아져야 하는고 하면 "교회니까 참는다"는 말이 안 나올 만큼 많아져야 합니다.

교회라는 이유로 참는 것은 물론 바람직한 일이지만 "교회니까 참는다"는 말이 나오는 이유는 그런 경우가 예외적인 것이라서 그렇습니다. 항상 그렇게 하고 있으면 그런 말이 나오지 않게 됩니다.

제가 중학교 3학년 때의 일입니다. 친구 집에 놀러갔다가 그 집 마루에 그 친구가 받은 상장들이 액자에 걸려 진열되어 있는 것을 보았습니다. 부러운 생각에 집에 와서 어머니께 말씀드렸습니다. "어머니, 오늘 친구 집에 놀러가 보니 그 집에는 친구가 받은 상장들이 전부 다 마루에 걸려 있었습니다. 저도 상장이라면 꽤 많이 받은 편인데 제가 받은 상장도 좀 진열해 주십시오."

그러자 어머니께서 말씀하셨습니다. "야, 이놈아. 너는 지금까지 받은 상장이 100장도 넘는데 그것을 다 진열하려면 액자로는 안되고 아예 도배를 해야 한다. 그런데 어떻게 진열하란 말이냐?"

이것이 바로 그런 경우입니다. 어쩌다 한 번 참으면 "교회니까 참는다"는 말이 나오지만 늘 참으면 그런 말이 나오지 않게 됩니다. 그러니까 교회니까 참고, 교회니까 자제하고, 교회니까 양보하는 일이 일상적인 일이 되어야 합니다.

조각목은 그렇게 큰 나무가 아닙니다. 나무 하나에서 널판 한 장이 나오지 않습니다. 성소 벽을 만드는 널판은 폭이 한 규빗 반(약 70cm)이고 길이가 십 규빗(약 4.5m)입니다. 그런데 조각목은 방금 사진에서 보는 것처럼 그 일대에서 가장 큰 조각목도 높이가 그 정도였습니다. 나무 하나에서 널판 한 장이 나오지를 않으니 그럼 어떻게 해야 하겠습니까? 천상 몇 개를 연합시켜야 합니다.

어쩌면 이것이 곧게 자라는 백향목이 아니라 말라 비틀어진 조각목으로 성막을 만드는 이유의 하이라이트일 것입니다.

구원은 분명히 자기와 하나님과의 일대일의 관계에서 얻어지지만 신앙생활은 함께 해야 합니다. 이 원리가 여기서 나옵니다. 교회에서 어떤 일을 할 때 항상 같이 해야 합니다. 흔히 교회에서 어떤 일을 하다가 자기와 뜻이 맞지 않는다고 "나 안 해!" "저 사람 빼!" 하는 것은 옳지 않습니다.

나무와 나무를 합쳐서 널판을 만들 경우에 항상 직사각형의 모양으로 된 나무만 있는 것은 아닙니다. 사다리꼴일 수도 있습니다. 그러면 이 경우는 자기의 장점으로 남의 단점을 막아야 하는 경우에 해당된다고 하겠습니다. 이것은 굉장히 억울한 일입니다. 자기의 장점이 전혀 돋보이지 않습니다. 자기한테 그 어떤 잘난 점이 있으면 당연히 칭찬을 받아야 하고 당연히 박수를 받아야 합니다. 그런데 자기에게 돌아올 박수와 칭찬을 기꺼이 포기하고 그것으로 대신 다른 사람의 단점을 가려주어야 한다는 뜻입니다.

그런데 실제 교회에서 나타나는 모습은 자기 단점을 상대방 장점으로 가리는 것은 자존심 상해서 안 하고, 자기 장점으로 상대방 단점을 가리는 것은 억울해서 안 합니다. 요컨대 사람은 항상 하나님과 반대 방향으로만 생각하고 반대 방향으로만 행동합니다.

결혼 적령기이거나 혹은 갓 결혼한 남녀가 모인 자리에서 으레껏 나오는 얘기가 있습니다. 남자들끼리 모이면 '여자 길들이기'를 얘기하고, 여자들끼리 모이면 '남자 길들이기'를 얘기합니다.

"야, 자고로 여자하고 북어는 팰수록 맛이 나는 법이다. 그러니까 처음부터 단단히 군기를 잡아야 한다."

"원래 멸치와 남자는 볶을수록 맛이 나는 법이다. 처음에 버릇을 잘못 들이면 평생 고생한다."

이런 얘기들을 아무렇지도 않게 합니다. 이 말이 성경의 요구와 정반대라는 사실에 대해서는 아무런 느낌도 없습니다. 성경에서는 부부 사이를 그렇게 말하지 않습니다.

"아내들이여 자기 남편에게 복종하기를 주께 하듯 하라… 남편들아 아내 사랑하기를 그리스도께서 교회를 사랑하시고 위하여 자신을 주심 같이 하라" 하는 것이 성경의 가르침인데 실제로 나타나는 모습들은 전부 다 서로 길들이려고 하고 서로 군기 잡으려는 모습들입니다. 요컨대 주도권 싸움입니다. 아내는 남편을 예수님 모시듯이 모셔야 하고 남편은 아내를 예수님께서 교회를 사랑하는 것처럼 사랑해야 한다는 생각은 아무도 안 합니다. 믿지 않는 사람들만 이런 얘기를 하는 것이 아니라 심지어 교회에서도 이런 얘기를 합니다. 이것은 상당히 경악할 일입니다. "우리 마음은 항상 성경의 요구와 반대로구나" "내 생각은 언제나 하나님의 생각과 어긋나 있구나" 하는 사실을 단단히 머리 속에 집어넣고 있어야 할 것입니다.

　하나님께서는 넓은 백향목이 아니라 굳이 말라 비틀어진 조각목을 택해서 성물로 삼으시기를 원하십니다. 그런 하나님의 뜻에 따르려니 하나로는 못하고 서로 합쳐야 하고, 여럿이 합치려니까 천상 자기 자신이 나타나지 않아야 합니다. 그런데 실제 교인들이 신앙생활하는 모습을 보면 능력, 헌신, 충성… 이런 단어들을 온유, 양보, 겸손, 절제, 인내와 같은 단어들보다 훨씬 더 선호하는 경향이 있습니다. 물론 능력 있고 헌신하고 충성하는 것은 좋은 일입니다. 신자들이 갖춰야 할 덕목입니다. 하지만 실제로 성경을 주의깊게 읽어보면 능력, 헌신, 충성보다는 온유, 양보, 겸손, 절제, 인내가 훨씬 더 강조되고 자주 나옴을 볼 수 있습니다. 나무 하나에서 널판 한 장이 안나오고 여러 장을 합쳐야 하니까 결국 온유하여야 하고 양보하여야 하고 겸손하여야 합니다. 능력있고 헌신되고 충성된 모습 속에서는 자기가 나타나는데, 양보하고 온유하고 겸손한 동안에는 자기가 나타나지 않습니다. 그리고 성경은 우리에게 그것을 요구하고 있습니다. 그리고 그렇게 합쳐진 다음에야 비로소 거기에 금이 입혀집니다.

⑤ 정금으로 덧입혀짐

　나무는 아무리 잘 다듬고 잘 말리고 대패로 반듯하게 밀어도 그 상태로는 오래 가지 않습니다. 비바람이나 햇빛을 견디지 못하여 조금만 지나면 변형이 됩니다. 아무리 잘 연합해도 자기들끼리만 연합한 것으로는 연약합니다. 그러니 그것을 금으로 싸야 합니다.

　"이로써 그 보배롭고 지극히 큰 약속을 우리에게 주사 이 약속으로 말미암아 너희로 정욕을 인하여 세상에서 썩어질 것을 피하여 신의 성품에 참예하는 자가 되게 하려 하셨으니"(벧후 1:4)라고 한 것처럼 비로소 신의 성품에 참여하게 되는 것입니다.

자기한테 있던 겉의 껍질을 다 벗어 버리고, 자기에게서 도저히 양보하기 싫고 포기하기 싫은 것까지도 다 포기하고, 자기의 본래 모습조차도 제대로 안 나타나는 수모까지도 기꺼이 감수할 때 비로소 신의 성품에 참여하게 됩니다. 그렇게 될 때라야 신의 성품을 상징하는 금이 입혀지는 것입니다. 결국 본래의 말라 비틀어진 모습은 간 데 없고, 신성을 상징하는 금만 남습니다. 이렇게 해서 그 조각목이 비로소 성물이 되는 것입니다.

울타리

출 27:9~19

너는 성막의 뜰을 만들지니 남을 향하여 뜰 남편에 광이 백 규빗의 세마포장을 쳐서 그 한편을 당하게 할지니 그 기둥이 스물이며 그 받침 스물은 놋으로 하고 그 기둥의 갈고리와 가름대는 은으로 할지며 그 북편에도 광이 백 규빗의 포장을 치되 그 기둥이 스물이며 그 기둥의 받침 스물은 놋으로 하고 그 기둥의 갈고리와 가름대는 은으로 할지며 뜰의 옆 곧 서편에 광 오십 규빗의 포장을 치되 그 기둥이 열이요 받침이 열이며 동을 향하여 뜰 동편의 광도 오십 규빗이 될지며 문 이편을 위하여 포장이 십오 규빗이며 그 기둥이 셋이요 받침이 셋이요 문 저편을 위하여도 포장이 십오 규빗이며 그 기둥이 셋이요 받침이 셋이며 뜰 문을 위하여는 청색 자색 홍색실과 가늘게 꼰 베실로 수놓아 짠 이십 규빗의 장이 있게 할지니 그 기둥이 넷이요 받침이 넷이며 뜰 사면 모든 기둥의 가름대와 갈고리는 은이요 그 받침은 놋이며 뜰의 장은 백 규빗이요 광은 오십 규빗이요 세마포장의 고는 오 규빗이요 그 받침은 놋이며 성막에서 쓰는 모든 기구와 그 말뚝과 뜰의 포장 말뚝을 다 놋으로 할지니라

울타리

성소로 가면 가장 먼저 눈에 띄는 것이 울타리입니다. 길이가 100규빗(45.6m) 폭이 50규빗(22.8m) 높이가 5규빗(2.28m)인 하얀 세마포장이 내부를 가리고 있습니다. 성막 밖에서 보면 성막 안에 뭐가 있는지 보이지 않습니다. 그 안에 무엇이 있는지를 알려면 그 안으로 직접 들어가서 보아야 합니다.

예수를 모르는 사람들이 말하는 예수가 바로 그렇습니다. 예수가 하나님이라는 사실은 모르고 하얀 세마포장만 보이니까 예수님의 인격적인 우월성이나 도덕적인 무흠성만 보입니다. 실제로 예수를 악평하는 사람은 없습니다. 신자가 아니더라도 예수를 가리켜서는 사랑을 강조하던 종교사상가라던가 혹은 세계 4대 성인 중의 한 사람으로 인정해 줍니다. 예수가 하나님이라는 사실을 모르면 고작해야 세계 4대 성인 중의 한 사람이라는 사실밖에 모릅니다. 예수님의 참된 모습(그분의 신성)을 알려면 성막 안으로 들어와야 합니다. 요즘말로 하면 교회 안으로 들어와야 합니다. 일단 안으로 들어와야 참된 예수님의 모습을 볼 수 있습니다.

신자와 불신자의 차이가 바로 여기에 있습니다. 불신자들은 걸핏하면 "하나님 있으면 보여 봐!"라고 얘기하는데, 이 얘기를 성막에다 대응시키면 성막 안으로 들어오지 않으면서 그 안에 뭐가 있는지 보여달라는 격입니다. 성막 밖에서는 아무 것도 보이지 않습니다. "보면 믿는다"가 아니라 일단 믿으면 보입니다. 아무리 성막 밖에서 울타리 주변을 맴돌아봐야 아무 것도 보이지 않습니다.

그런데 여기서 하나님께서 지성소에 거하시기 위해서 굳이 성막뜰이 필요하셨겠는가 하는 사실을 생각해 볼 필요가 있습니다. 성막의 존재 이유는 앞에서 살펴보았던 것처럼 "내가 너희 중에 거할 성소"였습니다. 하나님의 임재를 상징하는 것이 성막인데 그렇다면 하나님의 임재를 우리에게 상징하기 위해서 과연 울타리까지 필요했겠는가 하는 문제를 생각해 보고자 합니다.

울타리를 기준으로 울타리 안은 성막뜰(마당)이라고 합니다. 이 성막뜰 안에 성소가 있고 성소 뒤편으로는 지성소가 있습니다. 또 번제단도 있고 물두멍도 있는데 이 성막뜰이 과연 하나님의 임재를 상징하기 위해서 꼭 울타리라는 것으로 칸을 막는 것이 굳이 필요했겠습니까?

하나님의 임재를 궁극적으로 상징하는 것은 일단 언약궤입니다. 언약궤 하나만 있으면 하나님의 임재는 상징됩니다. 덩그러니 언약궤 하나만 있는 것이 어색하면 지성소까지 있게 하거나 그것도 아쉬우면 성소까지 있게 하면 됩니다. 그런데 그렇게 안하고 굳이 울타리를 둘러서 여기서부터 성막이라고 경계를 정했습니다.

무슨 뜻인고 하면 하나님께서 우리와 함께 거하시기 위해서 이 울타리가 필요했다기보다는 우리에게 이 세상으로부터의 완전한 분리와 단절을 요구하신 것입니다.

하나님은 이 세상에 대해서 가리어졌고 이 세상 역시 그 분에 대해서 가리어졌습니다. 오직 우리만 하나님을 압니다. 그리고 이것을 나타내는 것이 울타리입니다. 울타리 없이 언약궤 하나만 있어도 충분히 하나님의 임재가 상징되는데 그래도 그렇게 안 하시고 울타리를 쳐놓으신 이유가 그렇습니다. 이렇게 칸을 막음으로써 "여기까지는 신자이고, 여기서부터는 불신자이다" 하는 사실을 나타내는 것입니다.

또 이 울타리의 재료는 하얀 세마포장이고, 울타리 받침은 놋으로 되어 있는데 성경 여러 곳에서 놋은 심판을 나타냅니다. 정식 출입문이 아닌 울타리를 넘어가려고 하는 사람은 이 받침(놋, 심판)에 걸려 넘어진다는 뜻입니다.

여기에 대해서는 요한복음에서 분명히 못을 박고 있습니다.

"내가 진실로 진실로 너희에게 이르노니 양의 우리에 문으로 들어가지 아니하고 다른 데로 넘어가는 자는 절도며 강도요"(요 10:1)

이렇게 울타리를 기준으로 성막이 만들어지는데, 이 사실은 우리에게 몇 가지 시사하는 바가 있습니다.

우선 첫째로 울타리를 기준으로 '거룩하냐 거룩하지 않으냐'가 구분됩니다. 우리가 흔히 주일을 가리켜서 성일이라고 합니다. 이 '성일'이라는 표현이 바로 날과 날을 구분하여 말하는 표현입니다. 마찬가지로 물건을 구별하면 성물이 되고, 사람을 구별하면 성도가 되며, 장소를 구별하면 성소가 됩니다.

이 울타리가 바로 울타리 안과 울타리 밖을 구별해 주는 역할을 합니다. 그러니까 우리는 이 울타리를 기준으로 울타리 안에 있을 것인지 밖에 있을 것인지를 결정해야 합니다.

그 다음에 이 울타리는 보호를 나타냅니다. 울타리 안에 있으면 하나님의 보호를 받는 것이고, 밖에 있으면 하나님의 보호와 관계가 없어집니다. 성경에서 하나님의 보호를 가장 잘 나타내 주는 상징의 하나가 노아의 방주입니다.

노아 시대에 홍수에서 살아남느냐 멸망하느냐의 기준은 오직 방주 안에 있느냐 밖에 있느냐 하는 것 한 가지였습니다. 다른 조건은 따지지 않습니다. 성경에는 없는 내용입니다만 혹시 노아 시대에 과연 세상 사람들 보기에 착하게 살아가는 사람이 한 사람도 없었겠습니까? 옆집에 가난한 사람 있으면 도와주고, 고아나 과부가 있으면 가루 한 웅큼을 나눠주던 사람이 과연 단 한 사람도 없었겠습니까? 물론 그런 사람이 정말로 없었을 수도 있습니다. 하지만 있었다고 해도 그들의 의로운 행위는 홍수 앞에서 아무 것도 아닙니다. 어쩌면 노아네 가족을 도와서 방주를 같이 만든 사람이 있었을 수도 있습니다만 그것도 전혀 고려의 대상이 되지 않습니다. 얼마나 선행을 베풀었느냐가 아니라 방주 안에 있느냐 밖에 있느냐 하는 것만 문제가 됩니다. 이처럼 성막의 울타리는 보호를 나타냅니다.

그 다음 또 하나는 이 울타리가 하나님의 소유를 나타냅니다. 울타리 안에 있으면 하나님의 소유이고 울타리 밖에 있으면 하나님의 소유로부터 벗어난 것입니다. 하나님의 소유에서 벗어났다는 얘기는 천상 마귀의 소유입니다. 이것을 보여주는 것이 세마포로 된 울타리입니다.

이 울타리를 보면 우선 정면에 문이 있습니다. 성막에는 문이 세 번 나옵니다. 성막뜰로 들어가는 문, 성소 앞에 있는 문, 그 다음에 성소하고 지성소를 구분하는 휘장 이렇게 세 번 문의 성격을 나타내는 것이 나오는데 특별히 성막뜰로 들어가는 문은 성막 동쪽에 하나만 있었습니다.

'문' 그러면 요한복음에서 예수님이 하신 말씀이 가장 먼저 떠오를 것입니다.

"내가 문이니 누구든지 나로 말미암아 들어가면 구원을 얻고 또는 들어가며 나오며 꼴을 얻으리라"(요 10:9)

여기서 "내가 문이다" 하는 얘기를 영어로 옮기면 어떻게 되겠습니까? 쉽게 생각하면 "I am a gate"라고 하면 될 것 같습니다. 그런데 요한복음에는 "I am a gate"가 아니고 "I am the gate"라고 되어 있습니다. 굳이 우리말로 옮기면 "내가 문이니…"가 아니고 "내가 그 문이니…"라는 뜻입니다. 예수님께서 "내가 그 문이니 누구든지 나로 말미암아 들어가면 구원을 얻고 또는 들어가며 나오며 꼴을 얻으리라"고 말씀하신 '그 문'이 어느 문을 얘기하는 것이겠습니까? 바로 이 성소 문입니다. 그런 일은 없겠지만 누군가가 저한테 이 부분을 번역하라고 하면 저는 'I am the gate'라고 하지 않고 'I am the very gate'라고 하겠습니다. gate 앞에 very를 넣어 "바로 그 문"이라는 의미를 강조하겠습니다.

이런 장면은 머리 속으로 그리기만 할 것이 아니라 벤허 영화같이 대형 스펙타클 화면으로 보아야 실감이 나겠습니다만, 어쨌든 이 성막을 중심으로 이스라엘 열두 지파가 진을 치고 있는 모습을 상상해 보십시오. 그 당시 이스라엘은 천막을 치고 살았는데 그 천막이 몇 개나 있었겠습니까? 20살 이상의 남자만 60만 명이 넘었으니까 그 당시 이스라엘 사람들은 200만 어쩌면 300만 명은 되었을 것입니다. 그러니 천막도 엄청나게 많았을 것입니다. 넓은 벌판이 천막으로 꽉 차 있는데 그 한복판에 성막이 있었던 것입니다.

그러면 성막에 들어가는 문이 동쪽에 하나만 있을 게 아니고 동서남

북으로 사방에 있어야 사람들이 다니기에 편할 것입니다. 그런데 그게 아니고 굳이 하나만 만들었습니다. 여기서 우리는 사도행전 4장 12절 말씀을 생각할 수 있습니다.

"다른 이로서는 구원을 얻을 수 없나니 천하 인간에 구원을 얻을 만한 다른 이름을 우리에게 주신 일이 없음이니라 하였더라"(행 4:12)

동쪽에 있는 성소 문을 통해야 성막 안으로 들어갈 수 있습니다. 오직 예수로 말미암아야 구원에 이를 수 있습니다. 흔히 사람들은 모로 가도 서울만 가면 된다고 합니다. 또 어떤 사람한테 교회에 가자고 하면 "그런데 다니지 않아도 다 믿는다"고 대답하는 사람도 있습니다.
"어떻게 믿습니까?"
"예, 마음으로 믿습니다."
"마음으로 어떻게 믿습니까?"
"양심적으로 선하게 살려고 노력합니다."
이것은 종교가 무엇인지를 모르는 얘기입니다. 구원이 무엇인지 모르는 것입니다. 종교 다원주의자들은 그렇게 얘기합니다. 산에 올라가는 길이 왜 꼭 하나라야 되느냐, A코스로 가도 되고 B코스로 가도 되고 좌우지간 산꼭대기에만 올라가면 되는 것 아니냐고 합니다. 물론 이론적으로는 말이 됩니다. 제가 이렇게 얘기하면 이상하게 들릴지 모르겠습니다만 종교 다원주의자들의 말에 저 역시 수긍합니다. 그 사람들 말이 일단 논리적으로 타당하다는 사실을 인정합니다.
하지만 저는 제 이성적인 판단보다 성경에 더 권위를 두는 사람입니다. 저는 제가 불완전하다는 것을 압니다. 제 생각의 기초가 죄라는 것도 압니다. 그래서 저는 제 생각을 최종 권위로 삼지 않고 성경을 최종 권위로 삼습니다.

왜 꼭 예수라야 되느냐 다른 방법으로도 얼마든지 하나님을 만날 수 있다. 굳이 예수를 통하지 않고서도 부처를 믿으면 부처를 믿는 대로, 착하게 살면 착하게 사는 대로 구원은 얼마든지 가능하다고 다양한 구원을 얘기하는 종교 다원주의자들의 주장에 상당 부분 동의하기는 합니다마는 그냥 동의만 하고 믿기는 성경을 믿습니다.

사람이 지닌 이성이니 지성이니 하는 것은 믿을 게 못 됩니다. 요한복음 10장에서 예수님께서 분명히 말씀하셨습니다.

"내가 진실로 진실로 너희에게 이르노니 양의 우리에 문으로 들어가지 아니하고 다른 데로 넘어가는 자는 절도며 강도요 문으로 들어가는 이가 양의 목자라"(요 10:1~2)

예수님을 통하지 않고, 문을 통하지 않고 다른 방법으로 구원에 이르려는 사람들은 자기들 판단에는 옳아 보일지는 몰라도 하나님 보시기에 절도 아니면 강도라는 것입니다. 자기 생각에는 자기가 옳습니다. 그런데 하나님 보시기에는 절도 아니면 강도입니다. 그러면 누가 옳겠습니까? 답은 뻔하게 나와 있습니다. 하다못해 집에서도 부모 생각과 자식 생각이 서로 다르면 자식들이 아무리 세대차이라고 우겨도 부모 생각이 옳습니다. 자식들은 자기가 모르는 내용을 부모가 안다는 사실을 모릅니다. 그저 자기가 알고 있는 것이 전부인 줄 알고 무작정 세대차이라는 것입니다.

마찬가지입니다. 우리가 알고 있는 내용이 전부가 아니라 우리가 모르는 내용이 있습니다. 그러니 사람 생각과 하나님 생각이 서로 다르면 보나마나 사람 생각이 틀린 것입니다.

그 다음에 이 문은 크기가 좀 특이합니다. 성막 동쪽 벽이 오십 규빗인데 그 오십 규빗 중에 이십 규빗이 문입니다. 무려 전체의 40%가 문입니다. 상당히 넓습니다. 누구든지 원하기만 하면 아무런 장애 없이 들어갈 수 있습니다. 우리가 예수를 믿는 것이 이런 경우에 해당합니다. 자격 요건이나 제한이 없습니다. 모든 사람에게 개방되어 있습니다. 예수를 믿는 것이 힘들어서 못 믿는 경우는 없습니다.

그런데 누구든지 원하기만 하면 들어갈 수 있을 정도로 넓은 문인데 그래도 항상 들어갈 수 있는 것은 아닙니다. 언젠가는 닫힐 때가 있습니다. 이 사실을 명심해야 합니다. 언젠가는 닫힙니다. 노아의 방주가 바로 그렇습니다. 분명히 닫힐 때가 있습니다. 일단 닫히면 그 문은 두 번 다시 열리지 않습니다.

마태복음 25장에 열 처녀의 비유가 나옵니다. 지혜로운 다섯 처녀는 잔치에 참석하고 미련한 처녀 다섯은 잔치에 참여하지 못했습니다. 이 얘기를 살짝 바꿔보십시오. 열 처녀 중에 6등을 하면 어떻게 되겠습니까? 열 명이 달리기를 해서 6등 했으면 보는 사람에 따라서 중간도 못 했다고 평가할 수도 있겠습니다만 꼭 그렇지만은 않습니다. 그래도 B^+는 무난히 넘는 수준입니다. 저는 아직까지 달리기를 해서 상위 60% 안에 들어본 적이 한 번도 없습니다. 실제로 10명이 뛴 적은 없지만 5명이 뛰면 5등이었고, 6명이 뛰면 6등이었습니다. 그러니 10명이 뛰었으면 10등이었을 것입니다. 제가 보기에 10명 중에 6등을 했으면 제법 잘한 것입니다.

하지만 아무리 그래도 10명 중에 6등은 필요가 없습니다. 5등으로 제한되어 있습니다. 이 문이 언젠가는 닫힙니다. 그러니까 문 안에 있을 것인지 문 밖에 있을 것인지를 분명히 선택해야 됩니다.

그러면 이 문을 구체적으로 살펴보겠습니다.

문

출 27:16

뜰 문을 위하여는 청색 자색 홍색실과 가늘게 꼰 베실로 수놓아 짠 이십 규빗의 장이 있게 할지니 그 기둥이 넷이요 받침이 넷이며

문

몇 가지 색깔이 나오고 있습니까? 청색, 자색, 홍색실과 가늘게 꼰 베실 모두 네 가지 색이 나오고 있습니다. 가늘게 꼰 베실, 즉 흰색을 바탕으로 해서 청색, 자색, 홍색실을 수놓으라는 얘기입니다.

문은 예수님을 상징한다고 했습니다. 그리고 이 문은 네 가지 색깔로 되어 있습니다.

성경에서 예수님의 생애를 가장 잘 나타낸 책은 복음서입니다. 마태

복음과 마가복음, 누가복음, 요한복음입니다. 그런데 이 네 복음서를 보면 그 내용이 유사하면서도 조금씩 관점이 다릅니다.

왜냐하면 일차적으로 복음서에 대한 수신자들이 서로 달랐습니다. 여러분이 왼쪽에서 보는 저의 얼굴과 오른쪽에서 보는 저의 얼굴이 조금 다를 것입니다. 본래 사람은 한 사람입니다만 보는 각도에 따라서 약간씩 차이가 있습니다. 이 차이를 제대로 조합시켜야 온전한 얼굴이 나옵니다.

"그 얼굴들의 모양은 넷의 앞은 사람의 얼굴이요 넷의 우편은 사자의 얼굴이요 넷의 좌편은 소의 얼굴이요 넷의 뒤는 독수리의 얼굴이니"(겔 1:10)

에스겔이 환상을 보았습니다. 환상 중에 어떤 생물을 보았는데, 그 생물의 모습이 사람 얼굴도 있고, 사자 얼굴도 있고, 소 얼굴도 있고, 독수리의 얼굴도 있었습니다. 여기에 나오는 사람, 사자, 소, 독수리가 예수님의 사역을 나타내고 있습니다.

다시 복음서로 돌아가겠습니다. 마태복음은 유대인들을 수신자로 기록된 책이고, 그 주제는 "왕으로 오신 그리스도"입니다. 일단 "아브라함과 다윗의 자손 예수 그리스도의 세계라" 하는 말로 마태복음이 시작됩니다. 그리고 동방박사들이 찾아와서 "유대인의 왕으로 나신 이가 어디 계시냐" 하고 묻습니다. 마태복음의 별명이 사자 복음입니다. 사자는 백수의 왕입니다.

그 다음에 마가복음은 "종으로 오신 예수"입니다. 마가복음에서 예수님은 굉장히 바쁘게 움직이는 모습으로 나타납니다. 식사할 겨를도 없고 잠잘 틈도 없습니다. 마가복음을 시작하는 1장부터 병자를 고치고 귀신을 쫓아냅니다. 또 이 마가복음은 수신자가 로마 사람들이었습니다. 그래서 로마 사람들이 못 알아들을 단어를 쓰게 되면 그 단어를 다시 설명해 주는 것을 볼 수 있습니다. 예를 들어, "그 아이의 손을 잡고 가라사대 달리다굼 하시니 번역하면 곧 소녀야 내가 네게 말하노니 일어나라 하심이라"(막 5:41) 하는 구절이 있습니다. '달리다굼'이라고만 하면 유대 사람은 알아 들어도 로마 사람은 알아듣지 못합니다. 그러니까 마가복음에서 마가가 그 내용을 쓰면서 그것을 배려한 것입니다. 예수님께서 "달리다굼"이라고 말씀하셨는데 "달리다굼"은 "소녀야 내가 네게 말하노니 일어나라"는 뜻이다 하고 설명하는 것입니다.

"에바다"라는 말도 그렇습니다. "하늘을 우러러 탄식하시며 그에게 이르시되 에바다 하시니 이는 열리라는 뜻이라"(막 7:34)

유대 사람들에게 이 글을 썼다면 그냥 "에바다"라고 해도 뜻이 통합니다. 그런데 수신자가 유대 사람이 아니기 때문에 "에바다 하시니 이는 곧 열리라는 뜻이라" 하고 그 의미를 설명하고 있습니다. 이것이 전부 마가복음의 특징입니다.

그 다음에 누가복음은 "완전한 사람으로 오신 예수"가 그 주제입니다. 그래서 누가복음은 소외된 자, 잃어버린 자에 대한 관심이 많습니다. 삭개오의 회심, 탕자의 비유 등이 전부 누가복음에 나오는 얘기입니다. 굳이 누가복음의 요절을 따지면 19장 10절 "인자의 온 것은 잃어버린 자를 찾아 구원하려 함이니라"가 될 것입니다. 마찬가지로 마태복음의 요절은 "아브라함과 다윗의 자손 예수 그리스도의 세계라" 하는 1장 1절이 될 것이고, 마가복음의 요절은 10장 45절 "인자의 온 것은 섬김을 받으려 함이 아니라 도리어 섬기려 하고 자기 목숨을 많은 사람의 대속물로 주려 함이니라"가 될 것입니다.

요한복음은 수신자가 모든 사람들입니다. 주제는 "하나님의 아들 예수 그리스도" 입니다. 요한복음의 시작을 보십시오. 굉장히 광범위하고 스케일이 큽니다. "태초에 말씀이 계시니라 이 말씀이 하나님과 함께 계셨으니 이 말씀은 곧 하나님이시니라" 이것이 요한복음입니다.

이 네 복음서의 특징을 에스겔이 본 환상과 짝을 지을 수 있습니다.
마태복음은 사자복음입니다. 왕으로 오신 예수를 보여주고 있습니다. 마가복음은 송아지복음입니다. 종으로 오신 예수를 설명하고 있습니다. 누가복음은 인자복음입니다. 완전한 사람으로 오신 예수를 보여주고 있습니다. 그리고 요한복음은 독수리복음입니다. 하나님의 아들 예수 그리스도를 설명하고 있습니다.

예수님의 족보가 나온 복음이 무슨 복음입니까? 예수님의 족보를 소개하고 있는 복음을 찾아 보십시다. 마태복음은 왕으로 오신 예수를 보여주고 있습니다. 왕에게 족보가 필요합니까? 필요하지 않습니까? 그 다음 마가복음은 종으로 오신 예수입니다. 종한테 족보가 필요합니까? 필요하지 않습니까? 누가복음은 사람으로 오신 예수를 보여주고 있다고 했습니다. 사람에게 족보가 필요하겠습니까? 네 번째로 요한복음은 하나님의 아들 예수입니다. 하나님의 아들한테 족보가 필요하겠습니까? 결국 족보는 마태복음과 누가복음에만 나옵니다. 왕에게 족보가 중요하고, 사람에게도 족보가 필요합니다. 하지만 종에게는 족보가 필요 없습니다. 종은 일만 잘하면 됩니다. 또 하나님의 아들은 어떻습니까? 하나님의 아들한테 족보가 필요하다면 그것은 넌센스입니다. 이렇게 마태복음, 마가복음, 누가복음, 요한복음이 서로 조금씩 다릅니다.

복음서를 시작하는 모습도 그렇습니다. 마태복음은 "아브라함과 다윗의 자손 예수 그리스도의 세계라" 하는 말로 시작됩니다. "아브라함은 이삭을 낳고 이삭은 야곱을 낳고 야곱은 유다와 그의 형제를 낳고…" 이렇게 죽 나옵니다. 왕으로 오신 예수를 소개하고 있어서 그렇습니다. 왕의 혈통을 얘기할 필요가 있었던 것입니다.

마가복음은 종으로 온 예수를 얘기하고 있으니까 아예 서론이 없습니다. 1장 시작부터 일하는 모습이 나옵니다. "하나님의 아들 예수 그리스도 복음의 시작이라" 하는 말로 1장 1절을 시작하고는 병자를 고치고 귀신을 쫓아냅니다. 마가복음에 가장 자주 나오는 단어가 "곧"과 "즉시"입니다. 도무지 쉴 틈이 없습니다.

누가복음은 "우리 중에 이루어진 사실에 대하여 처음부터 말씀의 목격자 되고 일꾼된 자들의 전하여 준 그대로 내력을 저술하려고 붓을 든 사람이 많은지라 그 모든 일을 근원부터 자세히 미루어 살핀 나도 데오빌로 각하에게 차례대로 써 보내는 것이 좋은 줄 알았노니 이는 각하로 그 배운 바의 확실함을 알게 하려 함이로라" 하는 말로 시작됩니다. 서론이 굉장히 조리있습니다. 상당히 자상합니다. 왜냐하면 대상이 헬라 사람들인데 그들은 이성을 중시하는 사람들이기 때문입니다. 또 사람으로 온 예수님을 설명하려니까 이렇게 차곡차곡 써야 했던 것입니다.

그런데 요한복음은 하나님의 아들로 오신 예수님을 설명해야 하니까 처음부터 광활하게 시작합니다. "태초에 말씀이 계시니라 이 말씀이 하나님과 함께 계셨으니 이 말씀은 곧 하나님이시니라…" 이렇게 됩니다. 요한복음에 가장 많이 나오는 단어가 "진리, 생명, 빛, 영생"… 이런 단어들입니다. 다른 복음서에서는 보기 힘든 단어들입니다.

이 모든 내용은 빌립보서 2장 5절 이하의 말씀과도 일맥상통합니다.

"너희 안에 이 마음을 품으라 곧 그리스도 예수의 마음이니 그는 근본 하나님과 본체시나 하나님과 동등됨을 취할 것으로 여기지 아니하시고 오히려 자기를 비어 종의 형체를 가져 사람들과 같이 되었고 사람의 모양으로 나타나셨으매 자기를 낮추시고 죽기까지 복종하셨으니 곧 십자가에 죽으심이라 이러므로 하나님이 그를 지극히 높여 모든 이름 위에 뛰어난 이름을 주사 하늘에 있는 자들과 땅에 있는 자들과 땅 아래 있는 자들로 모든 무릎을 예수의 이름에 꿇게 하시고 모든 입으로 예수 그리스도를 주라 시인하여 하나님 아버지께 영광을 돌리게 하셨느니라"(빌 2:5~11)

"너희 안에 이 마음을 품으라 곧 그리스도 예수의 마음이니 그는 근본 하나님과 본체시나…" 하나님과 본체라는 얘기가 나옵니다. 바로 하나님의 아들 예수를 말합니다.
　"하나님과 동등됨을 취할 것으로 여기지 아니하시고 오히려 자기를 비어 종의 형체를 가져 사람들과 같이 되었고…" 종으로 오신 예수를 보여주고 있습니다.
　"사람의 모양으로 나타나셨으매 자기를 낮추시고 죽기까지 복종하셨으니 곧 십자가에 죽으심이라…" 완전한 사람으로 오신 예수를 말합니다.
　"이러므로 하나님이 그를 지극히 높여 모든 이름 위에 뛰어난 이름을 주사 하늘에 있는 자들과 땅에 있는 자들과 땅 아래 있는 자들로 모든 무릎을 예수의 이름에 꿇게 하시고…" 왕으로 오신 예수입니다.

　이 내용을 다시 색깔에 대응시킬 수 있습니다. 문의 네 가지 색깔이 뭐였습니까? 청색, 자색, 홍색, 백색이었습니다.

청색은 하늘색입니다. 하나님의 아들 예수를 상징합니다. 자색은 왕으로 오신 예수입니다. 옛날 왕복이 자색이었습니다. 홍색은 피를 상징합니다. 그러니까 종으로 오신 예수입니다. 그리고 흰색은 완전한 사람으로 오신 예수입니다.

이렇게 예수님의 네 가지 사역을 설명해 주는 것이 바로 성막 문에 나타난 네 가지 색깔입니다. 그리고 그 문에 나타난 색깔은 바로 마태, 마가, 누가, 요한의 4복음서와 그대로 연결되기도 합니다.

예수님을 그대로 보여주고 있는 이 문을 통하면 성막 안으로 들어갈 수 있고, 이 문을 통하지 않으면 더 이상 성막하고는 관계가 없어집니다. 다른 데로 넘어가는 자는 절도며 강도라고 하나님께서 분명히 말씀하셨습니다.

번제단

출 27:1~8

너는 조각목으로 장이 오 규빗, 광이 오 규빗의 단을 만들되 네모 반듯하게 하며 고는 삼 규빗으로 하고 그 네 모퉁이 위에 뿔을 만들되 그 뿔이 그것에 연하게 하고 그 단을 놋으로 쌀지며 재를 담는 통과 부삽과 대야와 고기 갈고리와 불 옮기는 그릇을 만들되 단의 그릇을 다 놋으로 만들지며 단을 위하여 놋으로 그물을 만들고 그 위 네 모퉁이에 놋고리 넷을 만들고 그물은 단 사면 가장자리 아래 곧 단 절반에 오르게 할지며 또 그 단을 위하여 채를 만들되 조각목으로 만들고 놋으로 쌀지며 단 양편 고리에 그 채를 꿰어 단을 메게 할지며 단은 널판으로 비게 만들되 산에서 네게 보인 대로 그들이 만들지니라

번제단

폭이 무려 20규빗(약 9m)이나 되는 넓은 문으로 들어가면 가장 먼저 눈에 띄는 것이 번제단입니다. 우리가 구약 시대의 예배로 알고 있는 희생 제사가 여기서 치러집니다. 신약적인 의미로는 그리스도의 십자가를 예표합니다. 일단 여기를 통과하지 않으면 하나님께 나아갈 수 없습니다. 하나님께 나아가려면 반드시 그리스도의 대속사역을 힘입어야 합니다.

〈번제단〉

"율법을 좇아 거의 모든 물건이 피로써 정결케 되나니 피 흘림이 없은즉 사함이 없느니라"(히 9:22)

피 흘림이 없으면 사함이 없다고 했습니다. 죄가 있으면 그에 대한 보응은 당연히 피를 흘리는 것입니다. 죽어야 한다는 말씀입니다.

여기서 잠깐 구약 시대에 제사를 드리는 모습을 상상해 보십시다. 어떤 사람이 제물로 쓸 양 한 마리를 끌고 성막으로 옵니다. 그러면 제사장이 무슨 일로 왔느냐고 물을 것입니다. "예, 저는 이러 저런 죄를 범했습니다. 그 죄를 하나님 앞에 회개하려고 합니다" 하고 대답하면 잠깐 기다리라고 하고는 가지고 온 제물을 검사할 것입니다. 제물로 드려질 짐승은 아무런 점이나 흠이 없어야 하기 때문입니다. 만일 흠이 발견되면 그 양은 불합격 판정을 받게 됩니다.

그리고 제물로 드려지기에 적합한 양으로 판정되면 양을 데리고 온 사람으로 하여금 그 양의 머리에 손을 얹고 안수를 하게 합니다. 여기서 안수는 밀어 넣는 행위를 말합니다. 양에다 안수를 함으로써 그 사람의 죄가 양에게로 전가되는 것입니다. 그 다음에 그 양을 죽여서 제단 주변에 피를 뿌리고 각을 떠서 불에 태웁니다. 그러면 그 양을 가지고 온 사람은 양이 불에 타는 광경을 보면서, "아! 사실은 내가 죽었어야 했는데 나 대신 저 양이 죽었구나" "지금 저 자리에서 불에 타야 할 것은 사실 저 양이 아니고 나 자신이로구나" 하고 애통해 합니다. 불에 타고 있는 제물과 자신을 일체화 함으로써 그 사람의 죄가 사해지는 것입니다.

레위기에 보면 제사 드리는 것을 설명하면서, "…이는 화제라 여호와께 향기로운 냄새니라" 하는 표현이 자주 나옵니다. 우리 하나님은 성미도 이상하십니다. 짐승이 불에 타는 냄새가 뭐 그리 향기로운 냄새겠습니까? 배가 고플 적에 돼지갈비 굽는 냄새는 향기로운 냄새일는지 모르겠습니다만 우리는 머리카락 한 올만 불에 타도 냄새가 역겹습니다. 그런데 머리카락 한 올 정도가 아니라 짐승 한 마리가 불에 타는데 그 냄새가 하나님께 향기롭다고 했습니다. 무슨 뜻이겠습니까? 우리 하나님은 이 정도로 우리가 죄를 회개하는 것을 기뻐하신다는 뜻입니다.

여기서 오해하기 쉬운 사실이 있습니다. 예물을 드렸다고 해서 그 죄가 사해지는 것은 아닙니다. 예물을 드려서 죄를 사함 받는 것이 아니라 하나님의 긍휼로 사함 받는 것입니다. 아무리 잘못했다고 빌어도 정작 용서해 줄 권리가 있는 사람이 용서를 안 해주면 그만입니다. 용서를 빈다고 해서 저절로 용서받을 자격이 생기는 것은 아닙니다.

어떤 애가 가게에서 과자 하나를 슬쩍하다가 들켰습니다. 그래서 주인한테 잘못했다고 빌었습니다. 그러면 이 경우에 주인이 그 아이를 용서해 줄 것이냐 말 것이냐는 순전히 주인 마음대로입니다. 만일 용서해 주지 않아도 과자를 훔치다 들킨 아이로서는 별 수가 없습니다. "내가 잘못했다고 용서를 비는데 빨리 용서해주지 않고 왜 이리 야단이냐?"고 따진다면 그것은 정말 어처구니 없는 일입니다.

하나님도 그렇습니다. 사죄의 유무는 하나님께 달려있습니다. 사죄의 유무가 하나님께 달려있는데 하나님의 자비하심과 긍휼하심을 따라서 기꺼이 용서하시는 것을 기뻐하시는 분이지, 우리가 예물만 드리면 하나님은 무조건 용서해 줄 의무가 있는 것은 아닙니다.

사실 그렇습니다. 우리가 하나님께 드리는 예물이 하나님 보시기에 뭐 그리 대단하겠습니까? 여러분들도 어렸을 적에 받았던 선물 중에는 한 눈에 혹할 만한 선물을 받았던 적이 있을 것입니다. 부모가 자전거를 사주면 자전거에 감탄할 수도 있습니다. 그때의 자전거는 자기 능력으로는 도저히 장만하지 못할 물건입니다. 하지만 이런 경우는 선물 받는 사람과 주는 사람의 격차가 많이 날 때의 얘기입니다. 조금 나이를 먹어서 친구한테 선물을 받을 때만 해도 그런 경우는 없습니다. 물론 선물을 받았다는 사실만으로 기쁘기는 합니다만 선물 자체가 주는 효용으로 감탄하는 경우는 없습니다. 더 나이가 들어서 자기 자녀에게 선물을 받으면 어떻겠습니까? 유치원 다니는 애가 어버이날이라고 카네이션을 만들어오면 물론 흐뭇하기는 합니다. 하지만 그 카네이션이 자기 전재산을 털어서도 장만 못할 값비싼 것은 아닙니다. 단지 선물을 주는 자녀의 마음을 받는 것입니다.

그러면 우리와 하나님의 차이는 어떻겠습니까? 저의 애가 저한테 주는 선물은 저의 애한테는 미안하지만 죄다 유치한 것들 뿐입니다. 하물며 우리와 우리 하나님의 격차는 그 정도가 아닙니다. 그러니 우리가 어떤 예물을 드리는지에 대해서 하나님은 관심이 없으십니다. 하나님은 언제나 예물을 봐서 우리를 용서해 주시는 것이 아니라 우리를 봐서 우리를 용서해 주십니다.

누가복음 15장에 탕자의 비유 나오는데 아버지가 탕자를 언제 용서해 줍니까? 와서 잘못했다고 빌 때, 잘못을 비는 진지함 때문에 용서해 줍니까? 그렇지 않습니다. 이미 마음으로 용서해 놓고 돌아오기만을 기다립니다. 하나님의 마음도 그렇습니다. 우리가 애절하게 빌어서 우리의 죄를 사하시는 것이 아니라 이미 사해 놓고 우리의 회개를 기다리십니다.

하나님께 제사를 드릴 때, 제물은 반드시 흠 없고 점 없는 것이라야 했습니다. 조금이라도 흠이 있는 것은 예물이 될 수 없었습니다. 어차피 불에 타 없어질 제물인데 굳이 점과 흠이 없어야 하는 이유가 무엇이겠습니까? 하나님의 입맛이 까다로워서 그런 것이 아니고 흠 없고 점 없는 예물을 가져오는 그 사람의 마음을 받는 것입니다. 예물을 가지고 오는 사람의 마음에 포인트가 있는 것이지, 예물에 포인트가 있는 것은 아닙니다.

성경에 나오는 제사 중에 가장 유명한 제사로는 가인과 아벨의 제사를 들 수 있습니다. 하나님께서 가인의 제사는 받지 않으시고 아벨의 제사만 받으셨습니다. 그 이유가 어디에 있겠습니까? 성경을 유심히 읽어 보면 거기에 대한 힌트를 얻을 수 있습니다.

"세월이 지난 후에 가인은 땅의 소산으로 제물을 삼아 여호와께 드렸고 아벨은 자기도 양의 첫 새끼와 그 기름으로 드렸더니 여호와께서 아벨과 그 제물은 열납하셨으나 가인과 그 제물은 열납하지 아니하신지라"(창 4:3~5)

하나님께서 무엇은 열납하고 무엇은 열납하지 않았다고 되어 있습니까? "아벨과 그 제물"은 열납하셨지만 "가인과 그 제물"은 열납하지 않으셨습니다. 하나님께서 채식보다 육식을 좋아하셔서 가인이 드린 땅의 소산은 거부하셨고 아벨이 드린 양의 첫 새끼와 기름을 흠향하신 것이 아닙니다. 하나님께서 받으신 것은 "아벨과 그 제물"이었습니다. 아벨이 드린 제물을 받으신 것이 아니라 아벨을 같이 받으셨습니다. 마찬가지로 가인이 드린 제물을 받지 않으신 것이 아니라 가인을 받지 않으셨습니다.

어떤 성경학자는 이 부분을, 아벨은 피 있는 제사를 드렸고 가인은 피 없는 제사를 드렸기 때문에 하나님께서 아벨의 제사를 열납하고 가인의 제사는 열납하지 않았다고 설명했는데, 저는 그 설명에 동의하지 않습니다. 제사 제도는 훨씬 후대에 출애굽기에 가서야 정립된 것입니다. 또 모든 제사에 항상 피가 요구되었던 것도 아닙니다. 곡식으로 제사를 드리는 "소제"라는 것이 있었습니다. 그리고 무엇보다도 우리 하나님께는 제물이 문제가 아니라 사람이 문제이기 때문입니다. 성경에는 없는 이야기입니다만 어쩌면 하나님께서는 가인이 양을 드리고 아벨이 곡식을 드렸어도 아벨의 제사를 열납하시고 가인의 제사는 거부하셨을 것입니다.

히브리 사람들의 전설에 따르면 소든 양이든 염소든 번제단에서 제물로 드려지는 짐승은 도살당하면서 한 번도 반항한 적이 없다고 합니다. 혹시 개장수에게 팔려가는 개를 보신 적이 있는지 모르겠습니다. 개장수에게 팔려가는 개도 자기 운명을 압니다. 한사코 끌려가지 않으려고 버팁니다. 지금은 소를 도살할 때 그렇게 하지 않을 것입니다만 얼마 전만 해도 소는 쇠망치로 때려서 잡았었습니다. 그래서 소를 죽일 때는 쇠망치를 뒤로 숨겨서 가지고 간다는 말을 들었습니다. 소 몰래 다가가서 일격에 소머리를 때려 죽이는 것입니다. 짐승들도 자기가 죽는다는 사실을 압니다. 그래서 죽지 않으려고 반항을 합니다. 그런데 유독 번제단에서는 한 번도 반항하지 않았다는 것입니다.

또 광야에서 아무리 비바람이 불어도 번제단의 불은 항상 수직으로 타올랐습니다. 하나님을 향해서 똑바로 올라갔다는 얘기입니다. 그리고 불이 항상 타올랐다는 얘기는 하나님으로부터 불을 받는 것도 중요하지만 하나님으로부터 받은 불을 꺼뜨리지 않고 간수하는 것도 중요하다는 얘기입니다. 사실 그렇습니다. 이 불은 가만히 한 장소에 고정되어 있는 것이 아니었습니다. 오늘은 여기, 내일은 저기 계속 이동 했습니다. 경우에 따라서는 전쟁도 있었습니다. 그럼에도 불구하고 그 불을 계속 간수해야 했던 것입니다.

그리고 또 한편으로는 이렇게 번제단의 불이 꺼지지 않고 계속 타고 있었다는 얘기는 우리의 죄를 해결해 주시기 위한 하나님의 은혜는 계속 끊임이 없다는 뜻입니다. 우리의 죄를 해결해 주시려는 하나님의 은혜에는 끝이 없다는 이 말을 뒤집으면 어떻게 되겠습니까? 하나님께 해결 받아야 하는 우리의 죄도 역시 끊임이 없는 것입니다. 이 끊임없는 우리의 죄를 하나님 역시 끊임없이 받아주십니다.

또 이때 번제단에서 드리는 제물은 흠 없고 점 없는 것이어야 했는데 살아있는 것은 안됩니다. 살아있는 것을 죽여서 바칩니다. 아무리 흠 없고 점이 없다고 해도 살아있는 동안에는 제물이 될 수 없습니다. 살아있는 것을 끌고 와서 그 단 앞에서 죽여서 제물로 바칩니다.

"그러므로 형제들아 내가 하나님의 모든 자비하심으로 너희를 권하노니 너희 몸을 하나님이 기뻐하시는 거룩한 산 제사로 드리라 이는 너희의 드릴 영적 예배니라"(롬 12:1)

산 제사를 드리는데 어떻게 드리는고 하니 우리의 몸을 드려야 합니다. 결국 자기 자신을 제물로 바치라는 얘기인데, 자기 자신을 제물로 바치기 위해서는 자기 자신을 날마다 죽여야 합니다.

"형제들아 내가 그리스도 예수 우리 주 안에서 가진 바 너희에게 대한 나의 자랑을 두고 단언하노니 나는 날마다 죽노라"(고전 15:31)

제가 전에 은사에 대한 책을 읽은 적이 있습니다. 그 책 뒤에 권말 부록으로 은사 테스트가 있었습니다. "당신이 가지고 있는 은사는 어떤 것입니까?" 하는 제목으로, 어떤 은사가 있는지를 테스트하는 것이었습니다. 그래서 나한테는 어떤 은사가 있는지 쭉 훑어봤는데 어떻게 된 영문인지 저한테 해당되는 은사는 하나도 없었습니다. 은근히 실망하면서 책을 덮으려는 순간에 "야! 이건 나도 할 수 있겠다" 싶은 것이 딱 하나 있었습니다. 뭔고 하면 순교하는 것이었습니다. 다른 것은 아무 것도 못해도 그것만은 할 수 있을 것 같았습니다. 그렇다고 해서 제가 그렇게 거룩하고 주님을 향한 사랑이 남다르다는 얘기는 아닙니다. "에이, 쌍! 나 안 해! 배 째" 하고 자빠져 버리면 되겠다 싶어서 그런 것이었습니다. 모질게 마음먹고 딱 한 번만 눈 질끈 감고 죽어버리면 그 다음에는 열 받을 일도 없고 속상할 일도 없고 모든 것이 끝입니다. 그러니 제가 보기에는 눈 질끈 감고 죽어버리는 것이 제일 쉬울 것 같았습니다. 슈퍼에 가면 하다못해 새우에게도 깡이 있고 양파에게도 깡이 있던데 저라고 그런 것이 없겠습니까?

그런데 이게 아니라는 것입니다. "에이 쌍!" 하고 한 번만 죽으면 되는 것이 아니라 날마다 죽어야 합니다. 지나간 것은 무효입니다. 오늘 주어진 상황에서 다시 죽어야 합니다. 결국 우리가 흔히 하는 말 중에, "내가 지난번에도 참고 그때도 참았는데 이번에는 못 참아!" 하는 말은 쓸 수 없는 말입니다. 지금까지 참은 것은 다 지나간 것이고 오늘 다시 참아야 합니다. 바로 이것이 하나님 앞에 드리는 영적 예배입니다. 날마다 죽는 것이 하나님께서 기뻐 받으시는 산 제사가 되는 것이고 거룩한 예배가 되는 것입니다. 그것이 진정 하나님께서 우리에게 원하시는 제사입니다.

번제단은 우리의 죄를 대속하는 예수님의 십자가 사역을 나타내는 것입니다. 제단 위에 놓인 제물은 십자가에 달린 예수님과 매치됩니다. 번제단의 제물이 타서 재만 남은 것같이 예수님께서 십자가에 못박혀 돌아가실 때 우리 죄도 깨끗하게 재로 변했습니다.

어떤 사람이 양 한 마리를 끌고 번제단 앞으로 왔습니다. 저는 이런 저런 죄를 지었습니다 하고 고백하고는 가지고 온 양을 죽여서 그 양을 불에 태웁니다. 그리고 양이 불에 타는 동안 자신의 죄를 회개합니다. 그러는 동안에 양이 전부 불에 탔습니다. 재만 남았습니다. 그러면 제사장이 재를 치우면서 이렇게 얘기할 것입니다. "다 끝났습니다. 이제 돌아가십시오."

주님의 가상칠언에서도 같은 말씀이 나옵니다. "다 이루었다" 하는 말씀입니다. 타고 남은 재를 치우는 제사장이 "다 끝났습니다. 당신의 죄는 사함받았습니다. 돌아가셔도 됩니다" 하는 얘기나 예수님께서 십자가 상에서 물과 피를 쏟으시고는 "다 이루었다" 하신 말씀이나 결국 같은 맥락입니다. 제사장이 "다 끝났습니다"라고 얘기하면 된 것입니다. 마음놓고 집으로 돌아가도 됩니다. 마찬가지입니다. 예수님께서 "다 이루었다"고 말씀하셨습니다. 그러면 우리도 된 것입니다. 번제단에서 드려진 제물로 인해서 의롭게 되고, 예수님의 십자가 사역으로 말미암아 의롭게 되었습니다. 하나님께서 인정하셨습니다. 그러면 된 것입니다.

이 사실에 대해서 로마서에서는 "만일 하나님이 우리를 위하시면 누가 우리를 대적하리요"(롬 8:31) "누가 능히 하나님의 택하신 자들을 송사하리요"(롬 8:33) 하고 소리 높여 우리의 승리를 외치고 있습니다.

하나님께서 친히 "무죄 땅! 땅!" 하고 선고했는데 아니라고 우길 수 있는 존재는 아무도 없습니다. 우리의 "죄 없음"은 하나님께서 직접 인정해 주신 것입니다.

나폴레옹이 타고 있던 말이 무엇에 놀랐는지 갑자기 길길이 날뛰었습니다. 상당히 위급한 순간이었는데 어떤 용감한 사병이 나서서 그 말을 진정시켰습니다. 하마터면 큰일날 뻔한 순간을 모면한 나폴레옹이 그 사병을 "너는 이제부터 장교다" 하고 장교로 임명했습니다. 그래서 그 사병은 이제부터 자기도 장교라고 장교들이 앉는 자리에 가서 앉았습니다. 그러자 옆에 있던 장교가 그를 꾸짖었습니다.

"야! 네놈이 뭔데 여기 있어. 당장 저리로 내려가!"

"왜요? 저도 장교입니다."

"뭐야? 누가 너보고 장교래?"

"예, 황제 폐하께서 저를 장교로 임명하셨습니다."

황제 폐하가 장교로 임명했다 그러면 더 이상 할 말이 없는 것입니다. 황제가 장교라고 했으면 장교입니다. 사병을 가리켜서 장교라고 한 것이 아니라 지나가던 개나 고양이를 가리켜서 장교라고 해도 그 고양이나 개를 장교로 대접해 주어야 합니다. 마찬가지입니다. 하나님이 우리를 의인이라고 선언하셨으면 의인입니다. 사람들 보기에는 아무리 죄인 같아도 하나님이 의인이라고 하셨으면 여기에는 더 이상 논의의 여지가 있을 수 없습니다.

이 번제단은 조각목에다 놋을 입힌 것인데, 성막에 있는 모든 기구가 다 그렇습니다만 번제단도 옮길 수 있게 되어 있습니다. 번제단을 어느 한 곳에 고정시켜 놓고 사람들이 항상 번제단이 있는 곳으로 찾아와야 했던 것이 아니라 이스라엘 백성이 장막을 옮김에 따라 번제단도 같이 이동할 수 있었습니다. 번제단이 이동이 가능하게 만들어졌다는 얘기는 우리가 살아가는 모든 삶의 영역에 있어서 예수의 십자가 사역이 필요하지 않은 곳은 없다는 얘기입니다. 우리 주님의 구속 사역은 우리에게 항상 있어야 합니다.

번제단에 딸려있는 몇 가지 도구가 있습니다. 재를 담는 통과 부삽,

대야, 고기 갈고리, 불 옮기는 그릇 모두 다섯 가지입니다.

"재를 담는 통과 부삽과 대야와 고기 갈고리와 불 옮기는 그릇을 만들되 단의 그릇을 다 놋으로 만들지며"(출 27:3)

덩그렇게 번제단만 있으면 되는 것이 아니라 실제로 번제단에서 제물을 불에 태우고 또 타고난 재를 치우려면 이런 부속 기구가 있어야 했습니다. 한 발자국 지나친 해석일지 모르겠습니다만 번제단에 딸려 있는 다섯 가지 기구를 우리의 역할에 적용할 수 있습니다.

대야는 고기를 담는 그릇입니다. 예를 들어 소를 제물로 드리는 경우라면, 소 한 마리를 한꺼번에 번제단에 올리지 못합니다. 각을 떠서 대야에 넣었다가 그 대야에서 제단으로 옮겨져야 합니다. 그러니까 이 대야는 제물을 담는 그릇입니다. 제물을 끊임없이 제단으로 옮기는 역할을 하는 것이 바로 대야입니다. 제물이 없으면 제단이 필요 없기 때문입니다. 결국 대야는 자기 죄를 회개할 사람을 계속 있게 만드는 것입니다. 쉽게 표현하면 전도가 되겠습니다. 자기 죄를 알게 하는 것이 고기 대야의 역할입니다.

고기 갈고리는 고기가 제단에서 불에 타는 동안 고기를 고정시키는 도구입니다. 어떤 사람이 교회에 새로 왔다고 해도 모든 사람이 다 그 교회에 정착하는 것은 아닙니다. 이 교회가 어떤 교회인가 싶어서 한 주, 두 주 나와서 설교도 들어보고 분위기도 살펴보다가 등록을 합니다. 또 등록했다가도 이내 정을 못 붙여서 다른 교회로 옮길 수도 있습니다. 어떤 사람이 자기네 교회로 왔었는데 거기에 정을 붙이지 못하고 다른 교회로 갔다는 것은 이유야 어떻든 바람직한 모습은 아닙니다. 그 교회의 분위기를 반증하는 것이기 때문입니다. 실제로 그런 말을 할는지는 모르겠습니다만, '내가 어느 교회 갔었는데 교회가 냉랭하고 사랑이 없고 너무 메말랐더라' 하는 생각을 했다는 얘기입니다. 그러면 한 주 분위기를 확인하러 왔다가 그 교회에 정착한다는 것은 무슨 뜻이겠습니까? 교인들이 따사로왔든지, 분위기가 좋았든지, 설교가 좋았든지, 뭔가 선교적인 분위기가 있었다는 얘기입니다. 바로 이런 역할을 고기 갈고리가 하는 것입니다. 새로 온 교인으로 하여금 그 교회에 붙어있게 해야 합니다.

사람을 구분하는 방법은 참 많습니다. 남자와 여자로 나눌 수도 있고 어른과 아이로 나눌 수도 있습니다. 조금 치사하지만 가진 사람과 못 가진 사람, 배운 사람과 못 배운 사람으로 나눌 수도 있습니다. 하지만 그것은 세상에서 하는 구분법입니다. 하나님은 그렇지 않습니다. 하나님은 남자냐 여자냐, 어른이냐 아이냐 하는 문제에는 관심이 없으십니다. 하물며 가진 사람과 못 가진 사람, 배운 사람과 못 배운 사람에는 더더욱 관심이 없으십니다. 하나님의 관심은 일단 신자냐 불신자냐 하는 것입니다. 예수를 아느냐 모르느냐 하는 것이 하나님의 가장 큰 관심입니다. 이런 하나님의 관심을 기준으로 하면 우리의 할 일도 명확하게 나타납니다. 불신자를 만나면 예수를 믿게 해야 하고 신자를 만나면 예수를 더 잘 믿게 해야 합니다. 불 옮기는 그릇이 바로 그런 역할을 하는 것입니다. 제단에 항상 불이 있게 함으로써 제물이 더 잘 타게 하는 것처럼, 우리 역시 우리를 만남으로 해서 우리를 만나는 사람의 믿음이 더 돈독해져야 합니다.

부삽은 제단에서 제물을 불태운 뒤에 남은 재를 치우는 것입니다. 교회라고 해서 항상 거룩하고 덕스러운 일만 있는 것은 아닙니다. 분명히 성스럽게 예배를 드렸는데 그 예배가 끝나면 더러운 재가 남습니다. 이것을 치우는 것이 부삽입니다.

그 다음에 재를 담는 통도 그렇습니다. 재는 아무 데나 버릴 수 없습니다. 아무 데나 버리면 오히려 더 더러워집니다. 이처럼 교회에서 남들이 투덜거리는 소리와 온갖 짜증을 다 받아주면서도 그 말을 다른 데로 옮기지 않고 묵묵히 삭히는 사람이 있어야 합니다. 그래야 교회에서 불평 불만이 확산되지 않고 가라앉습니다. 마치 재를 통에 담아서 뚜껑을 닫듯이 거기에만 들어가면 끝이 나는 것입니다.

제가 중고등부 학생들한테 가끔 하는 농담이 있습니다. "자고로 사람으로 태어났으면 적어도 한 가지 쓸모는 있어야 한다"는 말입니다. 주로 심부름을 시킬 때 이 말을 씁니다. "야! 자고로 사람으로 태어났으면 적어도 한 가지 쓸모는 있어야 하거든, 그러니까 너 저기 가서 이것 좀 해" 하는 식입니다.

"everything to something, something to everything"이라는 말이 있습니다. 모든 것에 대해서 약간씩은 하되 특히 어떤 것에 대해서는 전문가가 되어야 한다는 얘기입니다.

이 번제단에 속해 있는 다섯 가지 기구가 바로 그렇습니다. 우리의 교회생활에 적용시켜 우리에게도 이런 모습이 있어야 합니다. 번제단에서 멀찍이 떨어져서 남이 제사 지내는 모습을 구경만 하다가 축도 끝나기가 무섭게 돌아가는 것은 곤란합니다. 물론 다섯 가지 역할 모두 감당할 수 있어야 하겠지만 적어도 한 가지 남다른 특기는 있어야 합니다. 과연 나는 이중에 어떤 것에 가장 관심이 있는지 자기 자신의 모습을 확인하면서 이제 번제단을 지나 물두멍으로 가겠습니다.

물두멍

출 30:17~21

여호와께서 모세에게 일러 가라사대 너는 물두멍을 놋으로 만들고 그 받침도 놋으로 만들어 씻게 하되 그것을 회막과 단 사이에 두고 그 속에 물을 담으라 아론과 그 아들들이 그 두멍에서 수족을 씻되 그들이 회막에 들어갈 때에 물로 씻어 죽기를 면할 것이요 단에 가까이 가서 그 직분을 행하여 화제를 여호와 앞에 사를 때에도 그리할지니라 이와 같이 그들이 그 수족을 씻어 죽기를 면할지니 이는 그와 그 자손이 대대로 영원히 지킬 규례니라
그가 놋으로 물두멍을 만들고 그 받침도 놋으로 하였으니 곧 회막문에서 수종드는 여인들의 거울로 만들었더라

물두멍

　물두멍의 필요성을 논하기 전에 먼저 성막 바닥은 무엇으로 되어 있는지를 상상해 보십시다. 성막에 들어간 재료는 금과 은만 따져도 요즘 화폐가치로 무려 200억 원이 넘습니다. 이렇게 어마어마하게 비싼 집이 바로 성막입니다. 그러면 이토록이나 비싼 집의 바닥 자재는 무엇이었겠습니까? 모노륨이니 우드륨이니 골드륨이니 하는 것은 그 시대에는 해당 사항이 없는 단어들입니다. 성막을 만드는데 그토록이나 많은

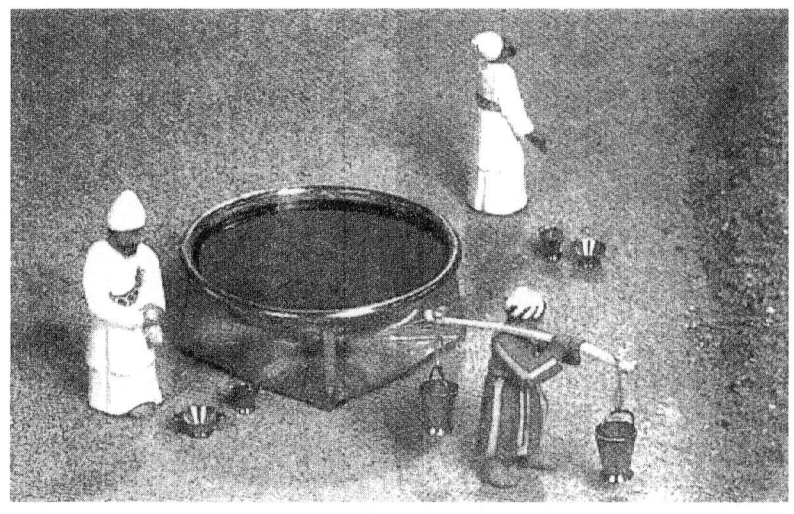

〈물두멍〉

금은 패물이 들어갔지만 정작 바닥을 위해서 쓰인 것은 아무 것도 없습니다. 그냥 모래 바닥이었습니다.

비록 우리가 구원은 얻었지만 세상을 살다보면 발은 더러워질 수밖에 없습니다. 예수 그리스도의 대속 사역이 아무리 고귀해도 그것은 단지 신분으로서의 구원을 말합니다. 수준은 여전히 죄 가운데 있습니다. 구원 얻은 사람다운 수준으로 자신을 성결하게 하는 것은 우리에게 남겨진 숙제입니다.

성막은 분명히 하나님을 만나는 장소입니다. 하나님과의 교제가 있는 곳입니다. 그럼에도 불구하고 그 안에 있는 동안에 발은 더러워집니다. 그만큼 우리는 죄에 대해서 무기력합니다. 번제단에서 제물을 드림으로써 죄는 사함을 받았습니다. 우리가 주님의 십자가 공로로 인해서 얻은 구원을 말합니다. 우리 모두는 구원 얻은 성도들입니다. 대속사역으로 말미암은 구원은 한 번만 얻으면 됩니다. 하지만 구원을 얻었어도 이 세상을 살다보면 반복적으로 죄를 범하게 됩니다. 이것을 해결하는 장소가 바로 물두멍입니다. 그러니까 이 물두멍은 일단 죄를 용서받은 사람에게만 적용되는 곳입니다. 아직 죄조차도 씻지 못한 사람들에게는 해당 사항이 없는 얘기입니다.

우리가 흔히 교회에서 "나는 죄인입니다" 하고 회개하는 내용들을 보면 믿지 않는 사람들을 기준으로는 전혀 죄 같지도 않은 죄들입니다. 고작해야 기도하지 않은 죄를 회개하고 죽도록 충성하지 않은 죄를 회개하고 십일조 떼먹은 죄를 회개합니다. 예수님을 믿지 않는 사람들이 보면 전부 다 웃기는 내용들입니다. 결국 예수님을 만난 사람이라야 이 물두멍이 필요합니다. 번제단을 통과해야 물두멍이 의미가 있습니다.

우리 모두는 번제단에서 제물을 드린 사람들입니다. 모든 죄를 사함 받았습니다. 그래도 정작 하나님 앞에 나아가기 위해서는 하나님의 은혜로 반복적으로 거룩하게 씻음을 받아야 된다는 얘기입니다.

만일 번제단에게 입이 있다면 번제단은 우리에게 "당신은 죄인입니다. 당신은 죄인이기 때문에 십자가가 필요합니다" 하고 말할 것입니다. 그러면 물두멍은 어떤 얘기를 하겠습니까? "당신은 하나님의 자녀입니다. 하지만 더욱 더 성결해져야 합니다" 혹은 "당신은 하나님의 자녀입니다. 그러므로 더욱 더 성결해져야 합니다" 이런 얘기를 할 것입니다. '하지만'이 어울릴지 '그러므로'가 어울릴지는 잘 모르겠습니다. "당신의 신분은 하나님의 자녀입니다. 하지만 그것으로 끝난 것은 아닙니다. 아직 하나님의 자녀다운 수준은 되어 있지 못합니다. 그래서 물두멍이 필요합니다" 해도 말이 되고, "당신은 하나님의 자녀가 되었습니다. 그러므로 더욱 하나님의 자녀다운 모습을 갖춰야 합니다" 해도 말이 됩니다. 결국 같은 뜻입니다.

번제단은 우리의 신분에 대한 얘기입니다. 죄의 종이냐 하나님의 자녀냐 하는 문제입니다. 그리고 물두멍은 신분상 하나님의 자녀가 된 사람들의 실제적인 수준 문제입니다. 얼마나 하나님의 자녀다워지느냐 하는 문제입니다.

부모와 자녀의 관계는 출생으로 맺어집니다. 한 번 자녀는 평생 자녀입니다. 제가 어렸을 적에는 집에서 부모님의 속을 참 많이 썩혀드렸습니다. 제 아버님은 저를 꾸중하실 때마다, "너! 한 번만 더 그러면 호적에서 지워버린다"는 말씀을 참 자주 하셨습니다. 물론 그렇다고 해서 제가 아버님의 말씀에 고분고분 순종하지는 않았습니다만 그럼에도 불구하고 아직도 저는 아버지를 아버지라고 부르고 있고 제 아버님도 저를 아들로 인정하고 있습니다.

부모와 자식 간의 관계는 취소될 수 없습니다. 하지만 불순종하는 자녀는 기쁜 마음으로 부모 곁에 있을 수가 없습니다. 마음 속에 아무 거리낌없이 부모 곁에 있으려면 천상 부모 보기에 합당한 자녀라야 합니다. 우리도 그렇습니다. 하나님의 보좌에 나아가려면 손과 발이 깨끗해야 합니다.

집에서 가끔 그런 것을 느낍니다. 제가 퇴근해서 들어가면 제 딸이 "아빠, 다녀오셨어요?" 하고 현관으로 마중나옵니다. 그런데 어떤 때는 자기 방에 틀어박혀서 얼굴을 비추지 않을 때도 있습니다. 그러면 그 이유는 뻔합니다. 무엇인가를 잘못해서 엄마한테 혼난 때입니다. 자기한테 뭔가 잘못이 있으면 아빠가 들어와도 나와보지를 않습니다. 하나님과 우리의 관계도 그렇습니다. 일단 마음이 깨끗해야 하나님을 볼 수 있습니다.

우리는 흔히 물두멍의 존재 이유를 우리가 살아가는 세상이 죄로 오염된 때문이라고 생각하기 쉽습니다. 죄가 자기에게 있는 줄은 모르고 단지 자기가 죄된 환경에서 살고 있어서 그렇다는 격입니다. 하지만 그렇지 않습니다.

그 옛날 제사장들이 번제단에서 제사를 지내던 모습을 상상해 보시기 바랍니다. 물두멍 이전 단계가 번제단인데, 누군가가 가져온 제물로 번제단에서 제사를 지냈습니다. 하나님께 희생제사를 드린 것입니다. 하나님을 향하여 구별된 몸으로 거룩한 하나님의 사역에 종사했습니다. 그리고는 성소로 들어가기 위해서 몸을 돌렸는데 그 순간에 이미 발은 발대로 더러워졌고 또 손은 희생 제물의 피로 더러워져 있습니다.

우리 인간이 죄에 대해서 얼마 만큼 대책이 없는고 하면, 거룩한 곳에서 거룩한 일을 하는 동안에도 손과 발이 더러워질 정도로 대책이 없습니다. 우리는 흔히 '죄' 그러면 뭔가 거칠고 추악한 범죄 행위를 연상하는 경향이 있습니다. 폭력적이거나 음란하거나 자기 욕심을 챙기는 인간의 욕심이 개입된 곳에 죄가 있는 줄로 아는데 그렇지 않습니다. 거룩한 곳에서 거룩한 일을 하는 동안에도 죄는 우리에게 침투합니다.

우리가 우리를 가리켜서 '죄의 종'이라고 합니다. '종'이란 얘기는 일단 발언권이 없다는 얘기입니다. 시키면 시키는 대로 합니다. 스스로 할 수 있는 일이 아무 것도 없습니다. 출애굽 전의 이스라엘의 신세가 바로 그런 경우입니다. 자기들의 의지대로 어떤 일을 하는 것이 아니라 애굽 사람들이 시키는 대로 해야 했습니다. 그래서 죄의 종입니다. 죄에 대해서 항거할 능력이 없습니다.

번제단에서 제물을 잡고 하나님께 제사 드리는 일이 얼마나 아름다운 일입니까? 분명히 거룩하고 복된 일인데 그런 일을 하면서조차도 손은 더러워집니다. 거룩한 일을 한다고 해서 사람이 저절로 거룩해지는 것이 아닙니다. 우리가 하는 그 거룩한 일을 틈타서라도 죄는 들어옵니다. 그러니까 아무리 번제단을 통과한 사람이라고 해도 하나님의 보좌로 나아가기 위해서는 물두멍도 통과해야 합니다.

"만일 우리가 죄 없다 하면 스스로 속이고 또 진리가 우리 속에 있지 아니할 것이요 만일 우리가 우리 죄를 자백하면 저는 미쁘시고 의로우사 우리 죄를 사하시며 모든 불의에서 우리를 깨끗케 하실 것이요 만일 우리가 범죄하지 아니하였다 하면 하나님을 거짓말하는 자로 만드는 것이니 또한 그의 말씀이 우리 속에 있지 아니하리라"(요일 1:8~10)

이렇게 죄를 고백하는 일은 우리가 천국에 들어갈 때까지 계속 반복되어야 합니다. 왜 그런고 하니 일단 우리가 사는 세상이 악해서 그렇고 우리의 본성이 악해서 그렇습니다.

하나님의 소유로 구분된 성막의 울타리 안에서조차도 바닥은 모래판이었습니다. 이 세상은 우리가 거룩해지는 쪽으로 아무런 도움도 되지 않습니다. 그리고 우리는 분명히 구원을 얻었음에도 불구하고 발을 딛고 사는 곳은 천국이 아니고 이 세상입니다.

제 딸이 네 살이었다가 다섯 살이 되었을 때의 이야기입니다. 엄마한테 자기 생일을 물었습니다.

"엄마, 내 생일 언제예요?"

"네 생일? 네가 알잖아"

"아이, 내 생일 언제야?"

"네 생일은 2월 28일이잖아. 그것도 모르냐?"

"아이, 엄마는…. 그건 나 네 살 때 생일이잖아. 네 살 때 생일 말고 다섯 살 때 생일 언제냐고…? 나 이제 다섯 살이야. 다섯 살!"

대체 이게 무슨 말입니까? 네 살 때하고 다섯 살 때하고 한 살 더 먹으면 생일이 달라집니까? 네 살 때나 다섯 살 때나 생일은 그대로 입니다. 네 살 때 생일이 2월 28일이었으면 다섯 살 때 생일도 2월 28일입니다. 네 살 때 사람이나 다섯 살 때 사람이나 결국 같은 사람입니다.

우리는 분명히 죄의 종이었다가 하나님의 자녀로 신분은 바뀌었습니다. 하지만 신분이 바뀌었다고 해서 사람 자체가 송두리째 바뀐 것도 아니고 우리가 살아가는 이 세상이 바뀐 것도 아닙니다. 그냥 그 사람 그대로 죄의 종이었다가 하나님의 자녀가 되었습니다. 그래서 우리는 이 세상에 있는 동안 살아가면 살아갈수록 보고 듣고 말하고 행동하는 모든 것이 결국 죄 속에 있는 것입니다.

복음서에 나와있는 예수님의 사역 중에 물두멍과 가장 잘 연결되는 사역이 요한복음 13장에서 예수님이 제자들의 발을 씻겨주신 일화일 것입니다.

예수님께서 제자들의 발을 씻겨주셨다고 하면 사람들은 일단 '겸손'

을 생각합니다. "우리 예수님은 손수 제자들의 발을 씻겨주실 만큼 겸손한 분이었다"는 것입니다. 물론 맞는 얘기입니다. 예수님께서는 그만큼 겸손한 분이십니다. 하늘 보좌를 버리고 말구유에까지 낮아지신 분입니다. 하지만 과연 우리에게 겸손을 교훈하느라고 제자들의 발을 씻어주셨느냐 하면 그것은 그렇지 않습니다.

예수님께서 제자들의 발을 씻기실 때의 앞뒤 정황을 생각해 보십시다. 이제 막 예수님의 공생애 사역 3년이 마감되고 있는 시점입니다. 잠시 후면 유다가 예수님을 팔 것이고 그러면 예수님은 잡혀가셔서 십자가에 달리실 것입니다. 그런 즈음에 제자들과 마지막 시간을 보내시면서 보여주신 메시지가 발을 씻겨주시는 것이었습니다. 그러면 이것은 제자들을 향한 예수님의 마지막 당부가 들어있는 행위였을 것입니다. 그런데도 그 마지막 당부가 '겸손' 이었다고 하면 메시지가 너무 약합니다. '겸손' 이 아무리 바람직한 신앙 덕목이라고 해도 예수님께서 이 세상을 떠나가시면서 제자들에게 마지막으로 당부하고 싶었던 내용이 "너희는 겸손한 사람이 되어라" 하는 것이었다고는 도무지 생각되지 않습니다. 요컨대 우리는 예수 믿고 구원 얻은 사람들이지, 예수 믿고 겸손해진 사람들이 아닙니다.

엄청나게 큰 보석상가에서 금반지 하나를 집어들고는 "여기에서 파는 물건 중에 이것이 가장 비싼 물건입니다" 하고 얘기하면 아무도 믿지 않을 것입니다. 금반지가 가짜라서 믿지 않는 것이 아닙니다. 아무리 금반지가 값이 나간다고 해도 보석상가의 규모를 감안하면 그 보다는 주먹만한 다이아몬드가 나와야 어울리기 때문입니다.

예수님께서 제자들의 발을 씻기신 것도 그렇습니다. 물론 우리 예수님은 그 만큼 겸손하신 분입니다. 하지만 아무리 그래도, "너희도 이렇게 겸손한 사람이 되어라" 하는 것으로 공생애 사역 3년을 마감하실 만큼 예수님이 한가한 분은 아니었습니다.

그때 예수님께서 하신 말씀 중에 "나의 하는 것을 네가 이제는 알지 못하나 이 후에는 알리라"(요 13:7) "내가 너를 씻기지 아니하면 네가 나와 상관이 없느니라"(요 13:8) "너희가 나를 선생이라 또는 주라 하니 너희 말이 옳도다 내가 그러하다 내가 주와 또는 선생이 되어 너희 발을 씻겼으니 너희도 서로 발을 씻기는 것이 옳으니라 내가 너희에게 행한 것같이 너희도 행하게 하려 하여 본을 보였노라"(요 13:13~15) 하는 말씀이 있습니다.

이 말씀을 잘 음미해 보면 아무래도, "너희들은 겸손한 사람이 되어라. 너희를 장차 겸손한 사람으로 만들기 위하여 내가 먼저 이렇게 본을 보이는 것이다" 하고 생각하기에는 어색합니다.

이렇게 생각해 보십시다. 그때 제자들의 발을 씻겼던 예수님께서 지금은 무엇을 하고 계시겠습니까? 예수님께서는 지금 하늘 보좌 우편에서 우리를 위한 중보기도를 하고 계십니다. 그것은 우리가 다 알고 있는 사실입니다. 그러면 그 예수님의 기도 제목은 무엇이겠습니까? 얼핏 생각하면 우리의 영혼 구원을 위해서 기도하실 것 같은데, 예수님의 구원 사역은 이미 십자가 상에서 종결되었습니다. 그러니 이미 구원 얻은 우리를 구원시켜 달라고 기도하는 것은 말이 안됩니다. 그러면 남아있는 문제는 하나뿐입니다. 우리의 성화된 삶입니다. 얼마 만큼 하나님의 자녀답게 살아가는지를 위해서 기도하실 것입니다.

제자들의 발을 씻기시면서 "내가 너를 씻기지 아니하면 네가 나와 상관이 없느니라"(요 13:8) 하는 말씀이 바로 그렇습니다. 예수님은 우리를 구원하시기 위해서 기꺼이 십자가를 지신 것으로 예수님의 사역이 마감된 것이 아닙니다. 우리의 구원에만 관여하시는 것이 아니고 우리가 하나님의 자녀다워지는 것, 우리가 더욱 성화된 삶을 살아가는 것에도 친히 간섭하시겠다는 의지의 표현입니다.

어린애가 콜록콜록 기침을 하면 어머니가 약을 먹으라고 합니다. 그런데 어린애들은 약 먹기를 싫어합니다. 그러면 그 경우에 "그래? 먹기 싫으면 관둬라" 하는 어머니는 없습니다. 악착같이 붙잡아서 억지로라도 약을 먹입니다. 한사코 안 먹으려고 도리질을 치면 코를 막고 입을 벌리게 해서라도 목구멍 안으로 약을 부어넣습니다. 아이가 원하는 것이 문제가 아니고 아이에게 유익한 것이 문제이기 때문입니다.

예수님의 말씀이 바로 이런 말씀입니다. "내가 너희를 거룩하게 만들고야 말겠다. 너희들이 아무리 거룩해지지 않겠다고 발버둥을 쳐도 내가 반드시 그 일을 이루고야 말겠다. 왜냐하면 내가 그 일을 하지 않으면 너희는 나와 상관이 없어질 것이기 때문이다" 하는 얘기입니다.

아이가 아무리 약을 안 먹는다고 보채도 어떻게 해서든지 억지로라도 약을 먹게 하지, 어머니가 대신 먹어주는 법은 없습니다. 약은 어머니에게 필요한 것이 아니라 아이에게 필요한 것이기 때문입니다. 우리가 지금보다 더 성화된 삶을 살아가는 것도 그렇습니다. 예수님께서 직접 간섭하셔서 우리로 하여금 결국 거룩하게 만들고야 마십니다. 우리는 가만히 있는데 저절로 거룩한 수준이 하늘에서 떨어지는 것이 아니라 거룩해지지 않으면 도저히 못 견딜 만큼 예수님께서 철저하게 우리의 인생 여정에 개입하실 것입니다.

물두멍에 대한 설명에서 이 내용이 구체적으로 예시되고 있습니다.

"그들이 회막에 들어갈 때에 물로 씻어 죽기를 면할 것이요 단에 가까이 가서 그 직분을 행하여 화제를 여호와 앞에 사를 때에도 그리할지니라 이와 같이 그들이 그 수족을 씻어 죽기를 면할지니 이는 그와 그

자손이 대대로 영원히 지킬 규례니라" (출 30:20~21)

물두멍에서 씻지 않으면 죽는다고 했습니다. 대체 이게 무슨 뜻이겠습니까? 번제단을 통과하는 것으로 죄 사함을 받았습니다. 요즘말로 하면 십자가 공로로 구원 얻었습니다. 하나님의 자녀가 되었습니다. 그런데 왜 죽어야 합니까?

한 번 얻은 구원은 취소되는 법이 없습니다. 하나님은 이랬다 저랬다 하시는 분이 아니십니다. 한 번 하나님의 자녀면 영원한 하나님의 자녀입니다. 그런데 물두멍에서 죽을 수도 있다는 것은 마치 우리가 얻은 구원이 취소될 수도 있는 것처럼 보입니다. 여기에 대한 내용은 이스라엘의 출애굽 사건에서 보다 자세히 확인할 수 있습니다.

출애굽 당시에 이스라엘 백성은 이십 세 넘는 남자만도 60만 명이 넘었습니다. 그런데 그 사람들이 전부 다 가나안에 들어간 것이 아닙니다. 괜히 불평했다가 광야에서 40년간 방황하는 동안에 다 죽고 처음에 이십 세가 안 되었던 나머지 사람들만 들어가게 됩니다. 이게 무슨 뜻입니까?

일단 홍해를 건너서 애굽을 나왔으면 그것이 우리의 구원을 상징하는 것입니다. 그런데 홍해는 건넜으면서도 가나안에 들어가는 것을 거부하는 사람들이 있었습니다. 구원 얻은 사람임에도 불구하고 구원 얻은 사람이 살아야 하는 삶을 살기는 싫다는 것입니다. 하나님께서는 그런 사람의 삶을 아예 인정을 안 하십니다. 그래서 전부 다 죽은 것입니다. 한 번 얻은 구원은 취소되지 않습니다. 만일 구원이 취소된다면 그때 불평했던 사람들은 광야를 방황하는 것이 아니라 다시 애굽으로 돌아가야 했습니다. 그런데 그런 일은 일어나지 않았습니다. 결국 그때 이스라엘 사람들은 애굽이냐 가나안이냐를 놓고 양자택일을 해야 했고, 지금 우리는 예수 안이냐 예수 밖이냐를 결정해야 합니다. 중간 지점은 있을 수 없습니다. 하나님께서 그것을 인정하지 않으십니다. 그래서 그것이 이스라엘 사람들에게 있어서는 광야에서 죽는 것으로 나타났고, 지금 우리가 보는 성막에서는 물두멍에서 손을 씻지 않으면 죽는다는 말로 표현된 것입니다. 하나님은 이만큼 우리가 거룩해지기를 원하십니다.

어차피 번제단을 통과한 사람에게, "야! 너 아까 그 제물 다 물러. 나 그거 안 받아" 이럴 수는 없는 일입니다. 죄는 사함 받았습니다. 그런데 죄를 사함 받기만 하고 죄 사함 받은 사람답게 살지 않는 삶을 하나님께서는 결코 용납하지 않으신다는 의지의 표현입니다. 그런 하나님의 의지의 표현이 물두멍에 담겨있는 것입니다.

그러면 그런 물두멍의 재료는 무엇이겠습니까?

"그가 놋으로 물두멍을 만들고 그 받침도 놋으로 하였으니 곧 회막문에서 수종드는 여인들의 거울로 만들었더라"(출 38:8)

물두멍의 재료는 놋이었습니다. 그리고 그 놋은 원래 회막문에서 수종드는 여자들의 거울로 쓰이던 것이었습니다. 원래 거울로 쓰이던 놋을 가져다가 물두멍을 만들었습니다.

요즘에는 거울이 참 흔합니다. 별로 귀한 물건이 아닙니다. 저만해도 지금 우리 집에 거울이 몇 개 있는지 제가 그 갯수를 모릅니다. 하지만 그것은 요즘 얘기입니다. 옛날 이스라엘 사람들에게는 그렇지 않습니다. 그 당시에는 요즘같이 좋은 거울은 아예 없었고, 놋을 광택이 나도록 잘 닦아서 거울로 사용했는데 그것은 굉장히 진귀한 물건이었습니다. 특히 여자들에게 있어서의 거울은 더할 나위 없이 중요한 물건입니다.

원래 물두멍이 만들어지기 전에 그 거울로 여자들이 뭘 했겠습니까? 거울의 용도는 보나마나 뻔합니다. 얼굴을 비춰보면서 찍고 바르고 자기 얼굴 모양 내는데 썼을 것입니다. 이것은 상당히 의미가 있는 내용입니다. 전에는 자기를 치장하기 위하여 쓰이던 물건이 이제는 성물이 되었습니다. 전에는 자기 자신을 꾸미기 위해서 쓰이던 물건이 이제는 하나님의 사역에 쓰임 받게 되었다는 뜻입니다.

그러면 이렇게 성물이 되기 전에 어떤 과정이 있었겠습니까? 그 놋거울이 어떤 과정을 거쳐서 물두멍이 되었겠습니까? 우선 바쳐져야 합니다. 봉헌되어져야 합니다. 자기가 갖고 있는 채로는 하나님의 사역에 쓰임 받을 수 없습니다. 일단 바쳐졌으면 그것은 더이상 자기 것이 아닙니다. 자기한테서 나온 것이라고 해서 계속 자기가 영향력을 행사할 수는 없습니다. "내 것은 녹이지 말고 그냥 써주세요" "내 것은 기왕이면 물두멍 윗부분에 사용해 주시오" 하는 것은 안될 말입니다. 일단 바쳤으면 그것으로 끝입니다.

또 바쳐진 다음에는 녹여져야 됩니다. 아무리 귀한 것이라고 해도 그 모양 그대로는 성물이 될 수 없습니다. 성물이 되려면 성물로 쓰임 받기에 적합한 모양으로 바뀌어야 합니다. 그래야 성물이 될 수 있습니다.

이제 그렇게 여인들이 쓰던 놋거울로 물두멍이 만들어졌습니다. 이 물두멍은 지금 우리에게 하나님을 예배하기에 앞서 먼저 자기 자신을 성결하게 해야 함을 말하고 있습니다. 하나님을 만나기에 앞서서 우리는 자기 자신을 돌아보아야 합니다. 내가 과연 하나님의 은혜를 받기에 충분한 모습인지를 항상 점검해야 합니다.

그래서 저는 우리 중고등부 예배를 인도하면서 매월 마지막 주 예배 때는 설교 시작 전에 참회의 기도를 합니다. 먼저 제가 참회의 기도를 한 다음에 기도 끝부분에 "이제 다같이 오직 하나님과 나만이 아는 죄를 생각하면서 조용히 침묵으로 참회의 기도를 드립니다" 하고는 참회 기도를 유도합니다. 30초 정도 각자 기도하게 한 다음에 "너희는 여호와를 만날 만한 때에 찾으라 가까이 계실 때에 그를 부르라 악인은 그 길을, 불의한 자는 그 생각을 버리고 여호와께로 돌아오라 그리하면 그가 긍휼히 여기시리라 우리 하나님께로 나아오라 그가 널리 용서하시리라"(사 55:6~7)는 말씀을 들려주는 것으로 참회의 시간을 마치곤 합니다. 이런 시간을 매주 갖지 않고 일부러 한 달에 한 번만 갖습니다. 매주 반복하면 아이들이 "또 저러는구나" 하고 식상해 할까봐 일부러 한 달에 한 번만 합니다만, 사실은 이런 시간이 우리의 모든 신앙 여정에 항상 있어야 합니다. 옛날 성막에서 제사장들이 물두멍에서 자신의 모습을 비춰보고는 자신의 더러움을 물로 씻어내었듯이 우리 역시 하나님을 예배하기에 앞서 자기 자신이 과연 하나님을 예배하기에 적합한 모습인지 항상 확인하여야 하고 자기 자신에게 허락된 구원을 두렵고 떨리는 마음으로 완성시켜야 합니다.

그럼 여기서 물두멍에서 손과 발을 씻는 제사장들의 마음을 한 번 상상해 보십시다. 그때 제사장들의 심정이 어떠했겠습니까? 그 물두멍이 본래 무엇이었는지는 전부 다 알고 있습니다. 그러면 물두멍에 갔을 때마다 그런 생각이 들 것입니다. "야! 우리를 위해서, 우리가 이 성전에서 일하는데 불편하지 않게 하기 위해서 저기 저 여인들이 자기한테 있어서 가장 귀중한 것을 아낌없이 바쳤구나" 하는 가슴 찡한 감동이 있었을 것입니다. 그런 감동이 없으면 제사장 자격이 없습니다. 물두멍을 볼 때마다 물두멍이 있게 하기 위한 뭇성도들의 봉사와 헌신, 충성과 희생을 느껴야 합니다. 그러면 그 다음에는 어떤 생각이 들겠습니까? 자연히 자기 자신에게로 생각이 돌아와야 합니다. "저 사람들이 이 정도로 하나님의 일에 열심이었구나. 그러면 나도 저 사람들 못지 않게 성심 성의껏 맡겨진 일을 감당해야지" 하는 각오가 꿈틀거려야 합니다.

여러분은 신앙생활을 하시면서 은혜 받는 통로가 어떤 것입니까? 주로 어떤 경우에 은혜를 받습니까? 설교 말씀을 통해서 은혜를 받기도 하고 성경을 읽다가 은혜를 받기도 하고 찬양을 하면서 은혜를 받기도 할 것입니다. 은혜를 받는 통로는 상당히 다양합니다.

그러면 저는 어떤 경우에 은혜를 받을 것 같습니까? 별로 자랑스럽지 못한 내용입니다만 저는 다른 사람의 설교를 통해서는 거의 은혜를 받지 못합니다. 설교를 통해서 은혜를 받으려면 일단 그 설교를 하나님이 저에게 주시는 말씀으로 들어야 하는데 저는 그게 안됩니다. 설교를 들으면서도 마음은 콩밭에 가있습니다. 온통 "뭐 써먹을 것 없을까?" 하는 생각뿐입니다. "저 내용을 저렇게 설명하는구나. 나 같으면 이렇게 하겠다" "저 예화 참 괜찮다. 기억해 두었다가 써먹어야 하겠다" "저 대목에서는 한 템포 쉬면서 회중을 둘러본 다음에 다음 말을 이어야 하는데 너무 급한 것 같다" 하는 생각으로 설교를 들으니 도무지 은혜를 받을 틈이 없습니다.

저는 성도들을 통해서 가장 자주 은혜를 받습니다. 성도들의 헌신된 모습을 보는 것이 그렇게 은혜로울 수가 없습니다.

제가 전에 있던 교회에서 있었던 일입니다. 수련회 중이었는데 새벽 두 시가 넘은 시간이었습니다. 어떤 여자 선생님이 가로등 밑에서 책을 보고 있었습니다. 그래서 지나가다가 "아니, 선생님! 지금 뭐하세요?" 하고 물었습니다.

그 동안 아이들 프로그램을 준비하느라고 공과 준비를 못했다는 것입니다. 그래서 날이 밝으면 가르쳐야 할 공과 공부를 새벽 2시가 넘은 시간에 가로등 밑에 쪼그리고 앉아서 준비하고 있었습니다.

그때 그 모습이 저에게 엄청난 도전이 되었습니다. "아이들에게 잠깐 가르치는 공과도 저렇게 열심인데, 나는 대체 어떻게 목회를 해야 하나…" 하는 생각이 들었습니다. 목회자에게는 이런 자극이 많으면 많을수록 좋습니다. 그러면 그 목회자는 절대로 게을러질 수 없을 것이고, 그 유익은 교인들에게 다시 환원될 것입니다.

아까 그 물두멍에서의 제사장들의 마음을 잠깐 축소해서 생각해 보시겠습니다. "우리를 위해서 저 사람들이 이렇게 많은 희생을 하였구나" 하는 것이 아니라, 특정의 어느 한 사람을 지목하여 "야! 내가 맡은 이 사역을 잘 감당하라고 저 사람이 나에게 이렇게나 많은 신경을 쓰는구나" 하고 생각한다면 그 사람은 자기 자신의 사역을 위해서 그야말로 죽도록 충성하게 될 것입니다. 자기가 과연 하나님과 사람 보기에 부끄럽지 않은 일꾼인지를 날마다 확인할 것입니다.

저는 이제야 목회 경력 3년째의 목회 초년병입니다. 그나마도 교육전도사로 2년을 보냈고 이제 9개월째 전임전도사로 사역하고 있습니다. 그러니 굳이 '목회 경력'이라는 표현을 쓰는 것이 우습기도 합니다. 하지만 저는 별로 길지도 않은 그 기간 동안 교인들로부터 너무도 많은 사랑과 은혜를 받았습니다. 저를 향한 그 모든 사랑과 관심이 꼭 가시적인 것으로 표현되는 것은 아니겠습니다만 제가 받은 선물 중에 가장 값진 선물 두 가지를 공개하고자 합니다.

하나는 컴퓨터입니다. 지금 제가 사용하고 있는 컴퓨터가 바로 그것입니다. 어떤 분으로부터 선물로 받았습니다. 컴퓨터를 선물하겠다는 제안에 처음에는 선뜻 "감사합니다" 소리를 못하고 말을 얼버무렸다가, 학교에 가서 친한 친구들 10여 명을 모아놓고는, 내가 그 컴퓨터를 받는 것이 과연 옳은지를 논의한 끝에 받기로 했습니다. 받은 사랑을 돈으로 환산한다는 것이 유치하기는 합니다만, 그래도 저를 위해서 그런 엄청난 액수를 선뜻 내놓으실 만큼 저를 사랑하는 분이 계시다는 사실이 눈물겹게 감사합니다. 지금도 제 책상 위에 있는 컴퓨터를 보면서 "나를 이토록이나 아껴주시는 분이 계시니 나는 정말 좋은 목자가 되어야 하겠다"는 생각을 하곤 합니다.

또 한 번은 제가 이 교회에서 사역하기로 결정되었을 때의 일입니다. 전에 교육전도사로 있던 교회 목사님께 인사를 드리러 찾아갔습니다. 마침 그 교회에서는 구역장, 권찰 예배를 드리는 중이었습니다. 그래서 교역자실에 앉아 있었는데 잠시 후에 예배가 끝났습니다. 웅성거리는 소리가 들리더니만 낯익은 얼굴이 교역자실 문가에 보였습니다. 반갑게 인사하기에 저 역시 반갑게 인사하면서 다가갔는데, 그분은 제가 너무나도 반가웠나 봅니다. 제 손을 덥석 잡으시더니만 제 손등에 입을 맞추었습니다. 그분의 나이는 저도 잘 모릅니다. 저하고 비슷할 것 같기도 하고 한두 살쯤 많을 것 같기도 한데, 그분도 반가운 김에 그렇게 해놓고는 스스로도 어색했는지 "갈게요" 인사하고는 얼굴을 붉히면서 종종걸음으로 뒤돌아 가셨습니다. 그 뒷모습을 보면서 제가 충격에 가까운 은혜를 받았습니다. "야! 나를 이만큼이나 존경하는 사람도 있구나. 나를 이 정도로 좋아하는 사람도 있구나. 난 정말 정신차려야 하겠다. 난 정말 좋은 목자가 안되면 안되겠구나" 하는 생각이 온통 제 마음을 사로잡았습니다.

지금도 가끔 그분 생각이 납니다. 그리고 그분 생각이 날 때마다 한 번 더 마음을 조이게 됩니다. 도무지 게을러질 수가 없습니다. 저를 향한 기대가 그만한데 제가 무슨 수로 대충 대충 하루를 보내겠습니까?

그러니까 이 물두멍에서 성도들은 성도들 나름대로 그 어떤 자발적인 헌신이 있어야 하고, 목자는 목자대로 그렇게 충성된 양들한테 부끄럽지 않은 좋은 목자가 되기 위한 자기 성찰이 있어야 합니다. "나에 대한 기대가 이렇구나. 내가 이 일을 잘 감당하라고 나를 위해서 이만큼 애쓰시는구나" 하는 생각이 있으면, 그 목자는 그런 생각이 있다는 사실만으로 좋은 목자가 안 되고는 못 배길 것입니다. 결국 자기를 성찰하는 이 물두멍에서는 성도들 나름대로의 열심과 목자들 나름대로의 열심이 아름답게 조화되는 것입니다.

그러면 이 물두멍이 현재적인 의미는 무엇이겠습니까? 지금 우리들에게 이 물두멍은 과연 무엇이겠습니까? 예배 시간 전에 거울을 보면서 세면대에서 손을 씻으라는 얘기는 아닐 것입니다.

"내가 참포도나무요 내 아버지는 그 농부라 무릇 내게 있어 과실을 맺지 아니하는 가지는 아버지께서 이를 제해 버리시고 무릇 과실을 맺는 가지는 더 과실을 맺게 하려 하여 이를 깨끗케 하시느니라 너희는 내가 일러 준 말로 이미 깨끗하였으니"(요 15:1~3)

"저희를 진리로 거룩하게 하옵소서 아버지의 말씀은 진리니이다"(요 17:17)

"이는 곧 물로 씻어 말씀으로 깨끗하게 하사 거룩하게 하시고"(엡 5:26)

"청년이 무엇으로 그 행실을 깨끗케 하리이까 주의 말씀을 따라 삼갈 것이니이다"(시 119:9)

옛날 물두멍이 했던 역할을 지금 감당하는 것은 바로 말씀입니다. 구원받은 후에도 몇 번이든지 반복적으로 되풀이하면서 자기 자신을 물로 씻어서 정결하게 했던 것처럼 지금 우리도 말씀을 기준으로 우리를 항상 비춰봐야 합니다. 깨끗하게 씻으려고 결심만 하거나 깨끗하게 씻으려고 각오하는 것이 아닙니다. 깨끗하게 씻는 것을 상상만 하는 것도 아닙니다. 진짜로 깨끗하게 씻어야 합니다.

마음 속에 있는 것이 언어로 옮겨지면 말이고, 행동으로 옮겨지면 행위입니다. 속에 있는 것은 겉으로 표현되기 마련입니다. 결국 속에다 무엇을 집어넣느냐 하는 것이 관건입니다. 속에다 말씀을 집어넣으면 말씀이 나옵니다. 말씀이 꽉 차 있으면 말씀에 어울리는 얘기가 나오고, 말씀에 걸맞는 행동이 나오게 마련입니다.

성경을 가리켜서 '캐논'이라고 합니다. 자, 규범, 척도라는 뜻입니다. 무엇인가를 재는 기준을 뜻하는 단어들입니다. 결국 우리를 무엇으로 재는고 하니 말씀으로 잰다는 뜻입니다. "이것은 기준에 맞구나" "조금 모자라구나" 하는 기준이 바로 성경입니다.

그런데 사람들은 성경보다 다른 것을 기준으로 삼는 것을 더 좋아합니다. 주로 자기 생각이나 자기 입장이 기준이고, 다른 사람들의 평판이 기준입니다. 남들이 뭐라고 하느냐, 다른 사람들은 어떻게 하느냐 하는 것이 상당히 중요하게 작용합니다. 하지만 그렇지 않습니다. "하나님이 어떻게 말씀하셨느냐" 하는 것만이 유일한 기준입니다. 그리고 이 기준에 자기 자신을 맞춰 나가는 것이 그 사람의 신앙 수준입니다.

옛날 성막 안에 있던 사람들은 자기가 죄를 짓고 있다는 어떤 객관적인 인식이나 행위가 없었습니다. 단지 성막 안에서 왔다 갔다 하면서 자기 할 일을 했습니다. 사람들이 제물을 가지고 오면 제단에 가지고 가서 제단에 피뿌리고 불태우는 일이 전부였습니다. 단지 그렇게 자기들에게 맡겨진 일을 아무런 사심없이 열심히 했음에도 불구하고 발이 더러워지고 손이 더러워졌습니다.

우리 역시 그렇습니다. 이 세상을 살면서 "내가 지금 이러 저런 잘못을 저지르고 있구나" 하는 자각이 없고, 능동적이고 적극적인 범죄행위가 아니더라도 단지 이 세상에서 듣고 보는 것만으로, 이 세상에서 살고 있다는 이유만으로 우리는 자연스럽게 더러워집니다. 모든 사람들이 다 죄 속에서 만들어지기 때문입니다.

"내가 죄악 중에 출생하였음이여 모친이 죄 중에 나를 잉태하였나이다"(시 51:5)

다윗의 고백입니다. 죄 속에서 만들어지고 죄 속에서 출생하고 또 죄로 가득한 이 세상을 살고 있기 때문에 그냥 가만히 있으면 죄는 저절로 짓게 된다는 것입니다. 자기에게 어떤 문제가 있어서 죄를 짓는 것이 아니라 단지 이 세상에 살고 있다는 이유만으로 죄를 짓는 것입니다. 그래서 우리는 무의식적으로 범하는 죄보다 더 끈질기게 날마다 의식적으로 반복해서 씻어야 합니다. 세상은 절대 우리가 거룩해지는 쪽으로 아무런 도움도 주지 않습니다. 이 세상은 옛날 성막 속에 있는 모래바닥과 같습니다. 눈으로 보고 귀로 듣고 손으로 만지는 모든 것이 아무리 거룩해도 발은 모래바닥에 있는 것입니다.

성막에 있던 모든 기구들은 정해진 규격이 있었습니다. 장이 몇 규빗, 광이 몇 규빗, 고가 몇 규빗 하는 얘기가 반복적으로 나옵니다. 예를 들어 울타리 같으면 광이 오십 규빗, 장이 백 규빗, 고가 오 규빗이었고, 떡상은 장이 이 규빗, 광이 일 규빗, 고가 일 규빗 반이었습니다.
하나님께서 모세에게 지시하실 적에 "이건 이렇게 만들어라. 저건 저렇게 만들어라" 하고 모든 것을 세세하게 지시하셨는데 유독 물두멍에 대해서만은 크기가 나와있지 않습니다. 앞에서 이 물두멍은 거울로 만들었다는 사실을 확인했습니다. 회막에서 수종드는 여인들의 거울로 쓰던 놋을 녹여서 물두멍을 만들었는데, 물두멍의 크기에 대해서 사전 지시가 없었다는 얘기는 거울이 많으면 많을수록 더 큰 물두멍을 만들게 된다는 뜻입니다. 주님을 향한 헌신이 많으면 많을수록 물두멍의 크기도 같이 커지는 것입니다. 또 물두멍의 크기에 제한이 없었다는 얘기는 우리를 씻으려는 주님의 은혜에도 제한이 없다는 얘기입니다. 주님은 항상 우리를 지금보다 더 거룩하게 씻기시기를 원하십니다. 오죽하면, "내가 너를 씻기지 아니하면 네가 나와 상관이 없다"고 까지 말씀하시면서 우리를 씻기시기를 원하십니다.

우리를 향한 주님의 은혜가 한이 없다는 얘기를 뒤집으면, 주님으로부터 씻음 받아야 하는 우리의 더러움도 한이 없다는 뜻이 됩니다.

심지어 성막 안에서 거룩한 사역을 하는 동안에도 손이 더러워지고 발이 더러워질 만큼 우리의 더러움은 한이 없습니다. 금촛대와 떡상, 분향단, 사방이 다 금으로 덮인 성소 등의 찬란한 광경과 하늘 영광 안에 있으면서도 우리는 더러워진다는 사실을 깊이 명심하여 자기를 지키는 것이 그 사람의 신앙이 됩니다.

성소

출 26:1~14

너는 성막을 만들되 앙장 열 폭을 가늘게 꼰 베실과 청색 자색 홍색실로 그룹을 공교히 수놓아 만들지니 매폭의 장은 이십팔 규빗, 광은 사 규빗으로 각 폭의 장단을 같게 하고 그 앙장 다섯 폭을 서로 연하며 다른 다섯 폭도 서로 연하고 그 앙장의 연락할 말폭 가에 청색 고를 만들며 다른 연락할 말폭 가에도 그와 같이 하고 앙장 말폭 가에 고 오십을 달며 다른 앙장 말폭 가에도 고 오십을 달고 그 고들을 서로 대하게 하고 금 갈고리 오십을 만들고 그 갈고리로 앙장을 연합하여 한 성막을 이룰지며 그 성막을 덮는 막 곧 앙장을 염소털로 만들되 열한 폭을 만들지며 각 폭의 장은 삼십 규빗, 광은 사 규빗으로 열한 폭의 장단을 같게 하고 그 앙장 다섯 폭을 서로 연하며 또 여섯 폭을 서로 연하고 그 여섯째 폭 절반은 성막 전면에 접어 드리우고 앙장을 연락할 말폭 가에 고 오십을 달며 다른 연락할 말폭 가에도 고 오십을 달고 놋 갈고리 오십을 만들고 그 갈고리로 그 고를 꿰어 연합하여 한 막이 되게 하고 그 막 곧 앙장의 나머지 그 반 폭은 성막 뒤에 드리우고 막 곧 앙장의 길이의 남은 것은 이편에 한 규빗, 저편에 한 규빗씩 성막 좌우 양편에 덮어 드리우고 붉은 물 들인 수양의 가죽으로 막의 덮개를 만들고 해달의 가죽으로 그 웃덮개를 만들지니라

성소

 이렇게 해서 물두멍을 지나면 성소가 나옵니다. 성소에 들어가면 우측에 떡상이 있고, 좌측에는 금촛대, 정면에 분향단이 있습니다. 또 사방 벽은 전부 다 금입니다. 사방 벽만이 아니고 보이는 것이 모두 금입니다. 떡상도 금이고, 촛대도 금이고, 분향단도 금입니다. 또 천장은 백색 바탕에 청색 자색 홍색실로 형형색색 찬란한 무늬가 아로새겨진 앙장입니다. 앙장이 무엇인지 얼른 연상이 안되면 상여의 휘장을 연상하면 되겠습니다.
 보이는 것은 전부 다 금이고 천장은 그토록이나 화려하게 수놓아진 앙장입니다만 그것은 어디까지나 성소에 들어왔을 경우입니다. 성막 밖에 있는 사람은 고작해야 성막 외부를 감싸고 있는 칙칙한 해달 가죽밖에 보지 못합니다.
 요즘은 모피가 고급으로 대접받으니까 해달 가죽에서도 고급스런 이미지를 연상할 수 있을는지 모르겠습니다만 적어도 성막 덮개로 쓰이는 해달 가죽은 그렇지 않습니다. 비바람에 노출돼서 때가 꼬질꼬질 묻고 색깔이 바랠 대로 바랜 가죽입니다. 성막 밖에서 볼 수 있는 것은 단지 이것뿐입니다.
 하지만 안으로 들어오면 완전히 별천지입니다. 사방이 다 금인데 순금 등대에 불이 켜져 있으면 그 빛이 얼마나 잘 반사되겠습니까? 일단

〈성소 내부 전경〉

성소 안으로 들어오기만 하면 그 멋있는 장관을 볼 수 있습니다.

그런데도 사람들은 흔히 "교회에 다녀도 너무 깊이는 빠지지 않는 것이 좋다"는 말을 합니다. 그런 말이 가능한 논리적인 근거가 무엇인지 도무지 모르겠습니다. 사실 우리는 더 많은 열심을 내지 못하는 것이 송구스러운 사람들입니다. 그런데 놀랍게도 그런 말도 되지 않는 발상에 모두들 수긍합니다. 교회 밖에 있어서 아예 예수가 누구인지를 모르는 사람들만 그런 말을 하는 것이 아니라 심지어는 교회 안에서도 공공연하게 그런 말을 하는 것을 보면 기가 막혀서 말이 안나올 지경입니다.

세상에 그런 법이 어디 있습니까? "돈을 벌어도 적당히 벌어야지, 은행 지점장이 줄을 설 정도로 벌면 골치 아프다" "공부를 해도 적당히 해야지, 서울대학을 수석으로 들어갈 정도로 하면 골치 아프다" 하는 말에는 아무도 속지 않는데 "교회에 다녀도 적당히 다녀야지, 너무 열심히 다니면 안 좋다"는 말에는 전부 다 속습니다. 아마도 교회 안에만 들어오면 I.Q.가 평소의 절반으로 줄어드는 모양입니다.

단언하건데 절대 그렇지 않습니다. 성소 밖에서 보이는 것은 단지 거무튀튀한 해달 껍데기뿐입니다. 일단 안으로 들어와야 금촛대를 보든지 떡상을 만지든지 분향단을 쓰다듬든지 할 수 있습니다. 기껏해야 밖에서는 성소 안에 들어갔다 온 사람들의 이야기를 듣는 것이 고작입니다. 마치 신앙생활을 자기가 안하고 다른 사람의 간증을 들으면서 대리 만족을 얻는 격입니다. 아무리 유명한 교회에 다녀도 신앙생활은 자기가 직접 해야 하고, 아무리 목사가 설교를 잘해도 예수님은 자기가 직접 믿어야 합니다.

그런데 왜 이런 말도 안 되는 얘기가 설득력이 있는고하니 애초에 추구하는 바가 잘못되어서 그렇습니다. 신앙을 근거로 더 거룩해져야 하는데 거룩에는 관심이 없고 그저 자기 마음의 평안에 관심이 있습니다. 그러니 교회에 잠깐 얼굴을 비춰서 마음의 평안만 얻으면 되는데 공연히 깊이 빠져서 피곤하다는 말도 안 되는 불평이 나오는 것입니다. 마음의 평안이 목적이 아니라 거룩을 목적으로 하면 자기가 얼마나 잘못 생각하고 있는지를 알 수 있습니다.

성소 안으로 들어가기 전에 먼저 성소를 덮고 있는 덮개를 살펴보겠습니다. 그림에서처럼 성소가 네 겹으로 덮어져 있습니다. 출애굽기 26장 1절에서 14절 사이에 그 내용이 있는데, 다 읽으면 오히려 헷갈립니다.

우선 1절에 보면 "너는 성막을 만들되 앙장 열 폭을 가늘게 꼰 베실과 청색 자색 홍색실로 그룹을 공교히 수놓아 만들지니…"라는 말이 나옵니다. 가늘게 꼰 베실과 청색 자색 홍색 이렇게 네 가지 색깔의 실로 그룹(천사)을 수놓아서 앙장을 만들라는 말입니다.

그 다음에 7절에 보면 "그 성막을 덮는 막 곧 앙장을 염소털로 만들되 열한 폭을 만들지며…"라고 했습니다. 이렇게 염소털로 만든 것으로 1절에 나온 앙장을 덮습니다.

그 다음 14절로 가면 "붉은 물 들인 수양의 가죽으로 막의 덮개를 만들고 해달의 가죽으로 그 웃덮개를 만들지니라"는 말이 나옵니다. 일단 수양의 가죽으로 덮개를 만들어 앞에 있는 염소털로 된 덮개를 덮고, 그 위에 다시 해달 가죽으로 된 덮개를 만들어 그것으로 덮는 것입니다. 이렇게 성소 지붕을 네 번 덮습니다.

제일 처음에는 그룹을 공교히 수놓아 만든 알록달록한 앙장이었고, 그 위에는 염소털로 된 덮개. 그 다음에는 붉은 물 들인 수양 가죽 그리

〈네 겹으로 된 성소 덮개. 밖에서부터 해달가죽, 붉은 물 들인 수양가죽, 염소털, 앙장〉

고 그 위에 해달 가죽이 차례로 성소의 지붕이 되는 것입니다.
　그러면 이것을 성소 밖에서부터 살펴보겠습니다.

　제일 바깥에 있는 것이 해달 가죽입니다. 성소를 밖에서 보면 해달 가죽밖에 보이지 않습니다. 성소 안에만 들어가면 사방 벽이 다 금이고, 그 안에 있는 기구들 - 떡상, 분향단, 금촛대가 전부 다 금인데, 그것은 안에 들어왔을 때의 얘기입니다. 밖에서 보면 비바람에 찌들고 모래 바람에 꼬질꼬질하게 때가 절은 해달 가죽밖에 보이지 않습니다.

　"그는 주 앞에서 자라나기를 연한 순 같고 마른 땅에서 나온 줄기 같아서 고운 모양도 없고 풍채도 없은즉 우리의 보기에 흠모할 만한 아름다운 것이 없도다"(사 53:2)

　이것이 예수님을 모르는 사람들이 예수님을 보는 모습이고 교회를 모르는 사람들이 교회를 보는 모습입니다. 그 안에 무엇이 들어있는지를 보려면 안으로 들어와야 합니다.
　누구의 계산인지는 모르겠습니다만 이때의 성소는 평당 20억이 소요된 초호화판 건물이라고 합니다. 요즘 아파트의 분양가는 평당 얼마나 되는지 모르겠습니다만 하여간 성소를 만드는데 평당 20억이 들어갔다고 하면 그 화려함은 이루 형언할 수 없을 것입니다. 하지만 아무리 그래도 그것은 안에 들어갔을 때의 얘기입니다. 밖에서 보이는 모습은 전혀 별볼일 없는 모습입니다.
　이런 별볼일 없는 모습은 굳이 성막 안으로 들어오지 않아도 밖에서도 얼마든지 볼 수 있습니다. 제가 앞에서 말씀드릴 적에는 밖에서 성막을 보면 울타리 밖에는 아무 것도 안 보인다고 말씀드렸는데, 그것은 단지 설명의 편의를 위해서 그렇게 말씀드렸던 것입니다. 울타리의 높이는 오 규빗인데 성소를 만드는 널판의 길이는 십 규빗입니다. 그러니 사실은 울타리 외에 성소 지붕도 보입니다. 그러니 고작해야 해달 가죽으로 된 성소 지붕은 누구나 다 볼 수 있습니다. 그리스도의 비밀은 모든 사람에게 숨겨진 것입니다만 이 정도는 누구에게나 다 공개되어 있습니다.

교회 다니지 않아도 예수라는 사람은 다 압니다. 공자, 석가, 소크라테스와 더불어 세계 4대 성인 중의 한 사람으로 예수를 아는 정도는 굳이 교회에 다니지 않고 세계사 책만 보아도 누구나 다 알 수 있는 내용입니다.

"우리가 이 보배를 질그릇에 가졌으니 이는 능력의 심히 큰 것이 하나님께 있고 우리에게 있지 아니함을 알게 하려 함이라"(고후 4:7)

우리 안에 보배가 있습니다. 그래서 우리 안에 있는 이 보배가 귀한 것이지 우리가 귀한 것이 아닙니다. 우리는 단지 질그릇입니다. 보배가 나타나려면 열심히 질그릇에 광을 낼 것이 아니라 질그릇을 깨뜨려야 합니다. 우리 하나님께서 즐겨 영광 받으시는 방법은 질그릇이 깨지는 방법입니다. 자기를 부인하는 방법이고 자기를 굴복시키는 방법입니다. 사람들은 흔히 질그릇에 광을 내고는 하나님께 영광 돌린다고 하는데, 절대 그렇지 않습니다. 하나님을 높인다는 명분으로 자기가 높아지려는 수작에 사람은 속습니다. 어쩌면 자기 자신도 속습니다. 하지만 하나님은 속지 않으십니다. 자기들에게 돌아오는 평가에 관심이 있다면 그것은 신앙생활이 아니라 종교행위입니다. 자기의 종교성을 고양시키는 것으로 마치 신앙생활을 하는 양 스스로 착각하고 있는 것입니다.

우리 기독교와 다른 종교와의 차이점은 상당히 많은데, 이것은 우연이 아닙니다. 오직 우리에게만 구원이 있고 다른 종교에는 구원이 없어서 그렇습니다. 그래서 구원이 있고 없는 이 문제 때문에 파생되는 수두룩한 문제들이 전부 다 서로 다른 차이로 나타나게 됩니다.

어떤 학생은 우등생이고 다른 학생은 낙제생이면 두 학생의 궁극적인 차이는 일단 공부를 잘 하느냐 못 하느냐 하는 것입니다. 다른 모든 차이점이 바로 이 궁극적인 차이에 귀결됩니다. 우선 두 학생은 책가방 무게부터 차이가 날 것입니다. 그리고 하루 하루 일과도 다를 것입니다. 공부 잘 하는 학생은 학교에 갔다 오자마자 공부할 것이고, 공부를 못 하는 학생은 중간에 전자오락하다가 집에 와서는 밥 먹고 TV를 보다 잘 것입니다. 이 모든 차이가 한 학생은 우등생이고 한 학생은 낙제생이라서 그렇습니다.

우리와 다른 종교가 서로 틀린 것도 그렇습니다. 유독 우리에게만 구원이 있다보니 거기에서 파생되는 수두룩한 차이가 있습니다. 그 중의 하나가 우리만 우리를 부인하고 신의 성품을 찾습니다. 다른 종교에서는 '자기 부인'이라는 개념이 아예 없습니다. 자기에게 있는 신적 요소를 극대화하는 것이 다른 종교에서 말하는 구원입니다. 불교에서 말하는 참선이나 힌두교에서의 고행, 바리새인들의 율법이 결국 동일한 개념입니다. 자기에게 있는 가능성을 극대화하고, 자기가 열심히 노력해서 신의 경지에 이르고자 합니다. 그런데 우리는 그렇게 말하지 않습니다. 우리에게는 아무런 가능성도 없다는데서 시작합니다. 하나님께서 우리를 구원해 주셔야 구원에 이를 수 있습니다.

어쨌든 이렇게 밖으로 드러나 있는 교회의 모습은 해달 가죽 마냥 초라할 수밖에 없습니다. 그런데 한 가지 짚고 넘어가야 할 사실이 있습니다. 애초에 성막 재료를 모을 적에 해달 가죽을 가져오라고 했음을 앞에서 보았습니다만, 대체 이 해달 가죽이 어디서 났겠습니까? 지금 이스라엘 사람들이 있는 곳은 광야입니다. 그런데 해달 가죽은 광야에서 구할 수 있는 것이 아닙니다. 결국 이 해달 가죽은 조각목처럼 현지 조달한 것이 아니라 금은 보석 같이 출애굽할 적에 가지고 나온 것이라는 사실을 알 수 있습니다. 그들이 왜 해달 가죽을 갖고 나왔는고 하면 이것이 바로 신발 재료였기 때문입니다. 이 해달 가죽으로 그들은 신발을 만들었던 것입니다. 그런데 성막을 만들기 위해서 그것을 바쳤습니다. 그러면 그 다음에는 어떻게 되었겠습니까? 신발 없이 맨발로 다녔겠습니까?

"이 사십 년 동안에 네 의복이 해어지지 아니하였고 네 발이 부릍지 아니하였느니라"(신 8:4)는 말씀이 바로 여기에 대한 하나님의 보상이었습니다.

그 다음에 밖에서 보면 해달 가죽뿐인데 여기서 한 꺼풀만 벗기면 무엇이었습니까? 붉은 물 들인 수양 가죽이었습니다. 이것이 무엇을 상징하는지 아는 것은 그리 어렵지 않습니다. 바로 주님의 대속사역을 상징하는 것이라는 사실을 누구나 쉽게 짐작할 수 있습니다.

이 수양 가죽은 예수님의 보혈을 보여주고 있습니다. 교회 밖에는 구원이 없고 오직 교회 안에만 구원이 있습니다. 바로 여기에 우리 기독교가 종교로서의 의미가 있습니다.

사람들은 종교를 마치 교양과목 보듯이 하는 경향이 있습니다. 마치 초등학교 때 배운 바른생활 특강하듯이 남에게 해를 끼치지 않고 세상을 착하게 살아가는 연장선에 종교를 갖다 놓습니다. 하지만 그렇지 않습니다. 무릇 종교는 영혼 문제를 다룰 수 있어야 합니다. 사후 세계를 논할 수 있어야 비로소 종교의 자격이 있는 것입니다.

얼마 전에 우연히 원불교를 신봉하는 사람과 얘기를 나눌 기회가 있었습니다. 애초부터 그 사람의 얘기를 논박할 마음은 없었습니다. 그저 듣고만 있었는데 그 사람 얘기 중에 "하나님이나 석가 같은 위대한 성인이 한 얘기는 전부 다 진리 아니겠느냐?"는 얘기가 있었습니다. 물론 석가에 심취해도 훌륭한 사람은 될 수 있을 것입니다. 자기의 인격을 연마하고 성품을 가다듬기에는 불교로도 충분합니다. 하지만 거기에 영혼 문제는 없습니다. 그것이 문제입니다. 예수를 믿으면 천당에 가는 것처럼 불교를 믿으면 극락에 가는 것 아니겠느냐고 생각할 수도 있겠습니다만, 불교에서 말하는 극락 같은 것은 절대 존재하지 않는다고 단언합니다. 왜냐하면 극락이 있으려면 그 극락은 자연발생적으로 생긴 것이 아니라 누군가가 만들어야 하기 때문입니다. 그러면 대체 누가 만들었겠습니까? 천상 그 용의자(?)는 석가뿐입니다. 그러면 석가는 자기가 극락을 만들어서 자기가 갔다는 얘기인데, 본래 인도의 왕자였던 석가가 언제 무슨 재주로 극락을 만들었겠습니까? 이것은 말이 안 됩니다. 이런 황당한 논리의 공백이 있는데도 아무도 이 사실을 모르니 정말 답답한 노릇입니다.

부언하거니와 종교는 교양과목이 아닙니다. 이 세상에 수두룩하게 널려있는 종교 중에 입맛대로 고르면 되는 것이 아니라 우리의 영혼 문제를 다룰 수 있어야 비로소 종교로서의 자격이 있습니다. 이런 맥락에서 저는 '종교'라는 단어를 상당히 싫어합니다. 종교의 발생 기원이 사후 세계에 대한 두려움 때문이라는 사실을 알 만한 사람은 다 압니다. 그러니 사람이 죽은 다음에 어떻게 되는지를 논할 수 있어야 비로소 종교의 자격이 있는데, 이런 관점에서 보면 사람들이 흔히 말하는 종교의 목록 중에 진정 종교일 수 있는 것은 우리 기독교뿐입니다. 하지만 그렇다고 해서 우리에게 있는 신앙을 종교라는 단어로 얘기하기에는 너무 폭이

좁습니다. 우리에게 있는 신앙은 형태화된 종교행위가 아니라 삶이라야 하고 내용이라야 합니다. 인생 목표라야 하고 삶의 의미라야 합니다. 그래서 저는 종교라는 단어 대신 신앙이라는 표현을 즐겨 사용합니다. 그것은 우리의 생활의 일부가 아닌 전부여야 하기 때문입니다.

요컨대 해달 가죽에 머무는 것이 아니라 한 칸 더 들어와서 예수님의 대속사역을 알아야 우리가 믿는 기독교가 종교로서의 의미가 있게 됩니다. 거기서부터 구원이 시작되는 것입니다.

에덴동산에서 아담과 하와가 범죄했을 때 그들은 무화과나무 잎을 엮어서 치마를 만들었습니다. 하지만 무화과나무 잎으로 된 치마에 내구성이 있을 수 없습니다. 하룻밤만 자고 일어나도 도로 벌거벗은 수치를 드러내야 합니다. 그래서 하나님께서 그들에게 가죽옷을 지어 입히셨습니다. 가죽옷을 만들려면 짐승 가죽이 있어야 합니다. 성경에는 그 짐승이 어떤 짐승인지 나와있지 않습니다만 양이었을 것이라고 하는 주장이 가장 설득력이 있습니다. 어쨌든 아담과 하와의 범죄로 인해서 죄 없는 짐승 한 마리가 죽어야 했습니다. 죄로 인한 대속은 창세기 때부터 이미 시작되었습니다.

"율법을 좇아 거의 모든 물건이 피로써 정결케 되나니 피 흘림이 없은즉 사함이 없느니라"(히 9:22)고 했습니다. 피 흘림이 없으면 사함이 없습니다. 피 흘림이 있어야 사함이 있습니다. 이것이 주님의 대속사역을 나타내는 것입니다. 번제단에서 제물이 불타는 것을 보면서 제물과 자기를 동일시하며 애통해 했던 것처럼 주님의 대속사역을 자기의 일로 인정하는 것에서 우리의 구원이 시작되는 것입니다.

이렇게 구원을 얻었으면 그 다음에 나타나는 것이 염소털입니다. 앞에 나온 붉은 물 들인 수양 가죽은 쉽게 이해할 수 있었는데, 여기서 염소털이 나오는 것은 일단 의외입니다. 우리 생각에는 염소털보다 양털이 더 어울릴 것 같기 때문입니다. 왜 여기서 양이 아니고 염소가 나오는지에 대해서는 레위기에서 그 힌트를 찾을 수 있습니다.

"아론은 자기를 위하여 속죄제의 수송아지를 드리되 자기와 권속을 위하여 속죄하고 또 그 두 염소를 취하여 회막문 여호와 앞에 두고 두 염소를 위하여 제비 뽑되 한 제비는 여호와를 위하고 한 제비는 아사셀을 위하여 할지며 아론은 여호와를 위하여 제비 뽑은 염소를 속죄제로 드리고 아사셀을 위하여 제비 뽑은 염소는 산 대로 여호와 앞에 두었다가 그것으로 속죄하고 아사셀을 위하여 광야로 보낼지니라"(레 16:6~10)

이것이 이스라엘 사람들이 속죄일을 보내는 방법입니다. 속죄일은 이스라엘 달력으로 7월 10일인데, 염소 두 마리를 가져다가 한 마리는 번제로 드리고 한 마리는 멀리 광야로 쫓아냅니다. 이스라엘 온 회중의 죄를 염소한테 지고 가게 하는 것입니다. 그 염소가 광야로 감으로써 이스라엘 회중은 죄하고 관계가 없어지게 됩니다. 그리고 이스라엘 온 회중의 죄를 짊어진 그 염소는 광야로 가서 결국 들짐승에게 찢겨 죽게 됩니다.

"제사장은 그를 위하여 명하여 정한 산 새 두 마리와 백향목과 홍색실과 우슬초를 가져오게 하고 제사장은 또 명하여 그 새 하나는 흐르는 물 위 질그릇 안에서 잡게 하고 다른 새는 산대로 취하여 백향목과 홍색실과 우슬초와 함께 가져다가 흐르는 물 위에서 잡은 새 피를 찍어 문둥병에서 정결함을 받을 자에게 일곱 번 뿌려 정하다 하고 그 산 새는 들

에 놓을지며"(레 14:4~7)

　문둥병에 걸렸다가 나은 사람이 정결하게 되는 의식을 설명하고 있습니다. 문둥병에 걸렸다가 나았으면 새 두 마리를 가져다가 한 마리는 잡고 한 마리는 날려 보내야 합니다. 성경에 보면 문둥병이 자주 나오는데, 이 문둥병이 바로 우리의 죄를 상징하는 질병입니다. 일단 문둥병에 걸리면 감각이 없어집니다. 아파도 아픈 줄을 모르게 됩니다. 그리고 도드라져 나온 부분부터 차례로 썩어 문드러집니다. 그리고는 결국 죽습니다. 우리에게 있는 죄의 속성을 그대로 보여주고 있습니다.
　그런 문둥병에 걸렸다가 나으면 제사장은 그것을 판정해 줘야 합니다. "이제 이 사람은 더 이상 부정한 사람이 아니다. 땅! 땅! 땅!" 해야 하는데, 그것을 선포하는 방법이 새 두 마리를 가져다가 한 마리는 죽이고 한 마리는 날려 보내는 방법이었습니다. 이렇게 새를 날려 보내는 것이 앞에서 속죄일에 염소를 멀리 광야로 보내는 것과 같습니다. 문둥병에 걸렸던 사람에게 있는 모든 죄를 멀리 보내는 것입니다.
　시편에 보면 "동이 서에서 먼 것같이 우리 죄과를 우리에게서 멀리 옮기셨으며"(시 103:12)라는 구절이 있습니다. 바로 이 말씀 그대로입니다. 동과 서가 전혀 관계가 없는 것처럼 하나님께서는 우리의 모든 죄와 허물을 우리에게서 멀리 격리하시기를 원하십니다. 그리고 그것을 상징하는 행위가 염소를 광야로 보내고, 새를 날려 보내는 것으로 나타나는 것입니다.
　왜 속죄일에는 염소였는데 문둥병자에게는 염소가 아니고 새냐 하면 이유는 간단합니다. 문둥병에 걸렸다가 나은 사람에게는 경제적인 능력이 없게 마련입니다. 그래서 염소가 아니고 새입니다. 하지만 중요한 것은 염소나 새나 하는 문제가 아니라 요컨대 멀리 보내야 하는 것입니다.

더 이상 자기하고 관계가 없어야 합니다.

결국 여기서 염소털로 된 성막 덮개는 우리의 모든 죄를 짊어지고 하나님으로부터 버림받은 그리스도를 의미합니다. 말 그대로 "엘리 엘리 라마 사박다니 - 나의 하나님, 나의 하나님, 어찌하여 나를 버리셨나이까" 입니다. 하나님으로부터 버림받은 그리스도가 하나님과 우리가 만나는 장소를 보호하고 있습니다.

일단 붉은 물 들인 수양 가죽에서 구원은 얻었습니다. 하지만 그렇다고 해서 그것으로 모든 신앙 여정이 끝난 것은 아닙니다. 구원 얻은 그 다음 단계가 있습니다.

앞에서도 번제단으로 끝난 것이 아니라 번제단을 통과한 사람을 위하여 물두멍이 있음을 보았습니다. 번제단에서 구원은 얻었습니다. 하지만 그것으로 끝난 것이 아니라 더 성결하게 하기 위해서 물두멍으로 나아가야 합니다. 우리의 신앙은 '칭의'로 끝나는 것이 아니고 '성화'로 이어져야 합니다. 이렇게 구원 얻은 사람의 신앙이 성숙되어 가고 성화되어 가는 모습이 어떻게 나타나는고 하니, 죄에 대해서 얼마나 민감한가 하는 문제로 나타납니다. 죄에 대해서 민감할수록 예수를 잘 믿는 사람입니다.

사실 우리는 전부 다 자기 스스로 죄인이라고 고백합니다. 그런데 '죄인'이라는 그 고백이 자신의 죄에 대한 뼈 속 깊은 자책에서 나오는 것이 아니라 단지 교리적으로 암송된 타령에 불과한 경우가 너무도 많습니다. "…이 부족한 죄인 아무 공로 없사오나 우리 주 예수 그리스도 이름으로 기도드리옵나이다" 하고 기도할 때마다 자기가 죄인이라는 사실은 인정하면서도, 그 사실이 자기하고 얼마 만큼 심각한 관계에 있는지는 도무지 모릅니다.

어떤 나이 많은 할머니가 있었습니다. 평생 예수를 모르고 살다가 늘그막에 며느리의 전도로 교회에 다니게 되었습니다. 교회에 등록한 지 어느 정도 기간이 지나서 세례를 받을 때가 되었는데 문제가 생겼습니다. 세례를 받기 전에 세례문답 공부를 해야 하는데, 워낙 연세가 높으셔서 도무지 문답공부가 되지를 않는 것이었습니다. 그래서 고민하던 며느리가 좋은 수를 생각해 냈습니다.

"어머니, 목사님이 예수님이 누구 죄 때문에 돌아가셨느냐고 물을 것입니다. 그러면 무조건 내 죄 때문에 돌아가셨다고 대답하십시오. 그러면 됩니다" 이렇게 해서 그렇게 하기로 하고는 교회에 갔습니다.

집례하시는 목사님이 물으셨습니다. "예수님이 누구 죄 때문에 돌아가셨습니까?"

그런데 할머니는 얼른 대답하지를 못하고 머뭇거리더니만, 슬쩍 며느리 눈치를 보면서 대답했습니다. "예, 제 며느리 죄 때문에 죽었습니다."

우리가 말하는 '죄인'이라는 개념이 바로 이렇습니다. 말로는 자기가 죄인이라고 하는데 죄에 대한 감각이 없습니다. 앵무새 마냥 소리만 내는 것입니다. 자기가 왜 죄인인지도 모르고, 자기에게 있는 죄가 자기를 얼마나 심각하게 옭아매고 있는지도 모릅니다.

어떤 사람이 경찰서로 끌려갔는데, 끌려가면서 사정을 했습니다. "죄송합니다. 죽을 죄를 졌습니다. 제가 잘못했습니다. 잘 몰라서 그랬으니 한 번만 용서해 주십시오." 이렇게 손이 발이 되게 빌었는데 너그럽게 용서된 것이 아니라 일주일 구류가 선고되었습니다. 그러면 그때는 "내가 무슨 죄를 지었느냐? 세상에 잘못하지 않은 사람 있으면 나와 보라고 해라" 하고 얘기가 달라질 것입니다. 우리가 스스로 말하는 죄에 대한 고백은 언제나 이렇습니다. 이것이 우리가 말하는 죄입니다.

하지만 그렇지 않습니다. 죄는 상당히 실제적인 것입니다. 우리의 가치 판단과 사고 기준에 깊이 개입되어 있는데 자기가 모를 뿐입니다. 그러니 자기한테 있는 죄가 얼마 만큼 끔찍하고 지독한 것인지를 알면 알수록 경건한 사람입니다.

믿음은 하나님을 아는 지식에 비례합니다. 우리는 흔히 "안다" "모른다" 하는 말을 쉽게 쓰는데 히브리 사람들은 그렇지 않습니다. 그들은 남녀가 잠자리를 같이 하는 경우에 "안다"는 단어를 썼습니다.

"아담이 그 아내 하와와 동침하매 하와가 잉태하여 가인을 낳고 이르되 내가 여호와로 말미암아 득남하였다 하니라"(창 4:1)

여기서 우리말로는 아담이 하와와 동침하였다고 되어 있는데, 전통적인 영어 성경에는 know가 쓰였습니다. 아담이 하와를 알아서 하와가 동침했다는 얘기입니다.

마태복음에도 같은 내용이 나옵니다. "아들을 낳기까지 동침치 아니하더니 낳으매 이름을 예수라 하니라"(마 1:25) 여기에서도 "동침하지 않았다"는 표현이 나오는데, 이 얘기도 원문에는 "알지 않았다"로 되어 있습니다.

우리가 하나님을 안다는 얘기가 바로 그렇습니다. 단지 하나님이 창조주라는 사실에 대한 인식이 있느냐 없느냐 하는 정도가 아니라 하나님과 얼마나 인격적인 교제를 나누었으며, 하나님과 얼마나 친한 사이냐 하는 것을 묻는 것입니다. 그러니까 하나님에 대해서 알면 알수록 믿음이 좋아지는 것입니다.

실제로 여러분과 저의 관계도 그렇습니다. 그런 일은 있을 수 없겠습니다만, 우리 교회에서 낮예배 후에 교인들에게 A4 용지를 한 장씩 나눠 주고는 "강학종 전도사에 대해서 아는 대로 쓰시오" 하면 어떤 결과가 나오겠습니까? 제법 빽빽하게 쓸 수 있는 분도 계실 것입니다만 자기가 다니는 교회 전도사 이름이 강학종이라는 것도 모르는 분도 계실 것입니다. 물론 저에 대해서 많이 쓰면 쓸수록 신앙이 좋은 것이라는 얘기는 결코 아닙니다. 하지만 이 사실이 그분들의 신앙과 전혀 무관하지는 않을 것입니다. 교회를 한 달에 한 번 낮예배만 나오는 분들은 제 출신이나 가족관계는 고사하고 제 이름도 모를 것이기 때문입니다.

반드시 비례하지는 않습니다만 하다못해 그 교회의 전도사에 대해서 얼마 만큼 알고 있느냐 하는 문제가 그 사람의 교회생활과 관계 있다면, 우리가 하나님에 대해서 얼마 만큼 알고 있느냐 하는 것은 당연히 신앙의 척도가 됩니다. 그리고 이 사실은 여기에 대한 반대의 경우도 성립합니다. 하나님에 대해서 알고 있는 만큼 신앙이 좋아지는 것과 마찬가지로 인간에 대해서도 알면 알수록 신앙이 좋아집니다.

"이 사과는 저 사과에 비하면 수박만 하다"는 얘기나, "이 사과는 저 사과에 비하면 호도만 하다"는 얘기나 결국 같은 얘기입니다. 그러니 우리가 하나님에 대해서 알면 알수록 신앙이 좋은 것이라는 얘기는 결국 우리 인간이 얼마 만큼 죄인인지를 알면 알수록 신앙이 좋다는 얘기가 됩니다.

사람들은 '십자가' 그러면 일단 하나님의 사랑만 생각합니다. 눈을 게슴츠레 뜨고 "아! 예수님, 날 위해 죽으시고…" 하는 감상적인 분위기를 연출하면 연출할수록 신앙 좋은 사람으로 치부되는 이상한 분위기에 젖어 있습니다.

물론 십자가에는 우리를 향한 하나님의 놀라운 사랑이 계시되어 있는 것은 사실입니다. 하지만 이 문제는 그렇게 간단하지 않습니다. 대체 하나님께서는 죄를 어느 정도로 싫어하시는 분이기에 그 아들을 죽이시면서까지 그 죄의 문제를 해결하려 하셨는지를 먼저 생각해야 합니다. 하나님께서 죄를 얼마 만큼 싫어하시는 지에 대한 자각이 있고 난 다음에 우리를 향한 하나님의 사랑을 인식해야 하는데, 죄에 대한 자각 없이 한꺼번에 사랑으로 비약하니까 그 사랑의 색깔이 자꾸만 엷어지고 심지어는 자기가 당연히 누려야 할 권리인 줄로 오해하는 모순까지 생기는 것입니다.

공치사를 하는 것 같아서 어색합니다만 말이 나온 김에 제가 노골적인 책망을 할까 합니다. 제가 우리 교회에 처음 왔을 적에 우리 교회 청년들은 어지간히 안 모이는 청년들이었습니다. 토요일마다 있는 청년예배 참석 인원이 보통 1명 아니면 2명이었습니다. 심지어는 아무도 없이 저 혼자서 거울을 세워놓고 설교를 했던 적도 있었습니다. 그래서 궁리하다 못해 제가 여러분에게 편지를 드리기로 했습니다. 어차피 모이지는 않고, 그렇다고 해서 제가 일일이 가정방문을 할 수도 없고 해서 궁여지책으로 그렇게 한 것입니다. 우리 주변에서 흔히 일어나는 일을 소재로 삼아서 글을 쓰다가 결론으로 가면 성경적인 시선으로 마무리하는 편지를 보냈던 것인데, 이 경우가 바로 그렇습니다.

제가 보낸 편지를 읽으면서 "새로 온 전도사, 어지간히 극성이구나!" 하고 생각하는 것과 "이렇게까지 하는 것을 보니 우리가 어지간히 안 모이는 모양이구나!" 하고 생각하는 것은 분명히 다릅니다. 그리고 과연 어떤 생각을 갖는 것이 신앙에 자극이 되는지는 각자 생각해 보시기 바랍니다. 우리에게 있는 십자가가 바로 그렇더라는 말씀입니다. 십자가의 사랑에 감격하는 것만으로는 모자랍니다. 죄에 대한 자각이 선행되어야 합니다. 그 죄의 모습이 자기에게 있는 것에 대해서 경악하면 경악할수록 신앙이 좋은 것입니다.

가끔 사회적으로 쇼킹한 뉴스가 방영될 수 있습니다. 아들이 아버지를 죽였다거나 삼촌이 조카를 죽였다는 뉴스를 보면 사람들의 반응은 전부 "어떻게 사람이 저럴 수 있나?"로 모아집니다. 그런데 그렇지 않습니다. "사람이 어떻게 저럴 수 있나?"가 아니고, 사람이니까 저럴 수 있는 것입니다. "사람이 어떻게 저럴 수 있나?" 하고 말하는 심리적인 배경에는 "나는 절대 안 그렇다" 하는 상대적인 우월감이 있는 것인데, 그것은 모르는 일입니다. 단지 자기는 아직 그런 형편에 처해 있지 않아서 그런 죄악된 행위가 나오지 않은 것뿐입니다. 그 사람에게 있는 죄성이나 자기에게 있는 죄성이나 결국 같은 것입니다.

같은 동족끼리 싸우면서 생명을 빼앗기까지 하는 경우는 자연계에도 거의 없습니다. 물론 죽는 경우가 있기는 하지만 그것은 애초부터 상대방의 생명을 빼앗기 위해서 그런 것이 아니라 단지 싸움이 격렬해서 그렇게 된 것입니다. 가령 늑대 같으면, 사람들에게는 상당히 안 좋은 선입견을 주는 짐승입니다만 그래도 어느 한 쪽이 항복 표시를 하면 싸움이 끝납니다. 힘의 우열만 확인하면 더 이상 싸울 이유가 없는 것입니다. 동족끼리 싸우면서 상대방의 목숨을 노리는 것이 두 가지가 있는데, 하나는 비둘기이고 다른 하나는 사람입니다. 사람은 이만큼 악랄합니다. 도덕이나 윤리로 치장되어 있을 뿐, 죄에 관한 한 짐승보다 낫지 않습니다. "사람이 어떻게 저럴 수 있나?"가 아니고 사람이니까 그런 것입니다.

성경에 보면 사람들을 꾸짖는 내용이 참 많이 나옵니다. 출애굽기에는 그 꾸짖음의 대상이 이스라엘 사람들이고 복음서로 넘어오면 바리새인들입니다. 그러면 성경에서 그런 내용을 읽을 때 어떤 생각이 드십니까? 혹시 "야! 이 꼴통들, 정말 심하다" 하고 같이 꾸짖고 있지는 않습니까? 만일 그렇다면 성경이 기록된 이유를 다시 한 번 확인해 보아야 합니다. 성경을 읽으면서 하나님이 이스라엘을 꾸짖으면 우리도 같이 꾸짖고, 예수님이 바리새인을 꾸짖으면 덩달아서 꾸짖으라고 기록된 것이 아닙니다. 그 꾸짖음이 바로 우리를 향한 꾸짖음인 것을 알아야 합니다. 단지 이스라엘 사람들에게만 국한되는 문제이거나 바리새인들에게만 해당되는 내용이 아니라 바로 자기 자신에게 해당되는 내용임을 알아서 깊이 자책하는 마음으로 고개를 끄덕이는 횟수가 많으면 많을수록 경건한 것입니다.

그런데 사람들은 '사랑'에는 전부 다 동의하는데, '죄'에 대해서는 자책이 없습니다. 말로는 죄인이라고 하면서 속으로는 "그래도 너보다 낫다"고들 생각하고 있습니다. 물론 실제로 남보다 나을 수는 있습니다. 하지만 그렇게 생각하는 것은 신앙이 아닙니다. 좋은 신앙이란 자기가 얼마 만큼 하나님께 가까이 가느냐 하는 문제로 따지는 것이지, 자기가 얼마 만큼 남보다 나으냐 하는 것으로 따지는 것이 아닙니다. 그리고 하나님께서도 거기에는 관심이 없으십니다.

요컨대 자기의 죄에 대하여 민감하면 민감할수록 그 신앙이 깊어지는 것입니다. 그리고 이것을 상징하는 것이 바로 염소털입니다.

그 다음, 염소털 안에 있는 것은 청색 자색 홍색실과 가는 베실(흰색)의 네 가지 색깔로 그룹을 공교히 수놓아 만든 앙장입니다. 여기에 나오는 네 가지 색깔은 예수님의 속성을 나타낸다는 사실을 앞에서 확인했습니다.

그리고 그룹은 천사를 말하는데 천사 중에서도 특별히 하나님의 친위대입니다. 그러니 그룹이 수놓아져 있다는 얘기는 하나님이 거기 계시다는 뜻입니다. 결국 하나님의 임재를 상징합니다.

이렇게 볼 때 네 겹으로 된 성소 덮개는 내부로 들어가면 들어갈수록 점점 더 아름다워지고 있음을 알 수 있습니다. 구원이 없던 상태에서 구원을 얻고, 점점 더 죄를 멀리하며 신앙이 깊어져서 결국 하나님을 직접 뵙기까지 하는 것입니다. 그러니까 성소 내부에 들어가서 그 안에서 바라보는 천장은 말할 수 없이 아름다운 것입니다.

"스데반이 성령이 충만하여 하늘을 우러러 주목하여 하나님의 영광과 및 예수께서 하나님 우편에 서신 것을 보고 말하되 보라 하늘이 열리고 인자가 하나님 우편에 서신 것을 보노라"(행 7:55~56)

스데반의 순교 직전의 모습입니다. 바로 이 얘기를 하고는 돌에 맞아 죽습니다. 아닌게 아니라 사실 그때 스데반이 본 광경이 성소 안에 있는 휘장과 일맥상통하는 광경이었을 것입니다. 적어도 그 정도를 보았으니까 돌에 맞아 죽어가면서도 "주여, 이 죄를 저들에게 돌리지 마옵소서" 하는 기도를 할 수 있었지, 안 그랬으면 맨 정신으로는 못했을 것입니다.

사실 그렇습니다. 주님의 임재를 보면 그런 기도가 안 나올 수 없을 것입니다. 왜냐하면 스데반은 지금 돌에 맞아 죽어가고 있습니다. 잠시 후면 죽을 것입니다. 그리고 저기 주님이 보입니다. 이제 잠시 후에 만날 것입니다. 그러니까 자기를 돌로 치는 사람들의 죄를 지금 빨리 용서해야 합니다. 지금 당장 용서하지 않으면 용서하지 못한 한을 품은 채 주님을 만나야 하기 때문입니다. 어쩌면 이때 스데반이 오히려 더 아쉬웠을 것입니다. 용서할 수 있는 기회가 지금 뿐입니다. 이 기회를 놓치면 영원토록 찝찝한 마음으로 주님과 같이 지내야 합니다.

결국 스데반이 돌에 맞아 죽어가면서도 "주여, 이 죄를 저들에게 돌리지 마옵소서" 하는 기도를 할 수 있었던 원동력은 주님의 임재를 보았다고 하는 사실에 있습니다. 우리의 신앙이 바로 이렇게 되어야 합니다. 해달 가죽이나 붉은 물 들인 수양 가죽, 염소털에서 끝나는 것이 아니라 성소 내부로 들어와서 주님의 임재를 직접 볼 수 있어야 합니다.

한때 그 신앙이 염소털에만 머물렀던 대표적인 사람으로는 욥을 들수 있습니다. 우리는 흔히 욥을 인내의 화신으로 알고 있는데, 성경에서 욥을 소개하는 이유는 그의 인내를 우리에게 알리기 위해서가 아닙니다.

아마 우리가 욥에 대해서 착각하는 이유는 "가로되 내가 모태에서 적신이 나왔사온즉 또한 적신이 그리로 돌아가올지라 주신 자도 여호와시요 취하신 자도 여호와시오니 여호와의 이름이 찬송을 받으실지니이다"(욥 1:21) 하는 기록 때문일 것입니다.

욥기는 모두 42장으로 되어 있습니다. 만일 이런 욥의 고백이 42장에 기록되는 것으로 욥기가 끝난다면 우리가 알고 있는 욥의 이미지가 맞습니다. 하지만 그게 아니고 1장에 기록되어 있습니다. 그러면 2장부터 42장까지는 대체 무슨 내용이라는 말입니까? 시작하자마자 가장 중요한 내용이 나와버리면 나머지 부분은 대체 왜 있는 겁니까? 결국 욥기는 1장에 있는 내용을 우리에게 알게 하기 위해서 기록된 것은 아니라는 사실을 추론할 수 있습니다.

하다못해 영화를 보아도 시작하자마자 결혼하는 장면이 나왔을 때와 결혼하는 장면으로 끝났을 때의 스토리가 다른 법입니다. 결혼하는 장면으로 끝이 났으면 그 영화는 두 남녀주인공이 어떠한 과정을 거쳐서 결국 결혼에 골인하게 되었는지를 보여주기 위해서 제작된 것입니다. 하지만 결혼하는 장면으로 시작하면 그때는 얘기가 달라집니다. 결혼이 그 영화 줄거리의 전제가 됩니다. 그러니 욥기의 기록도 그렇습니다. "주신 자도 여호와시요 취하신 자도 여호와시오니…" 하는 멋들어진 말 한 마디만으로 욥을 평가하는 것은 섣부른 단견입니다.

욥기의 끝 부분에 이런 내용이 있습니다.

"내가 주께 대하여 귀로 듣기만 하였삽더니 이제는 눈으로 주를 뵈옵나이다 그러므로 내가 스스로 한하고 티끌과 재 가운데서 회개하나이다"(욥 42:5~6)

여기에 보면 회개라는 단어가 나옵니다. 우리가 아는 욥은 회개할 것이 없는 욥입니다. 그런데 그런 욥이 회개한다는 말을 합니다. 욥에게 회개할 내용이 있었다는 뜻입니다. 그러면 대체 욥이 무엇을 회개했겠습니까?

욥이 어떤 사람이었는지 처음으로 돌아가 보겠습니다.

"우스 땅에 욥이라 이름하는 사람이 있었는데 그 사람은 순전하고 정직하여 하나님을 경외하며 악에서 떠난 자더라… 그 아들들이 자기 생일이면 각각 자기의 집에서 잔치를 베풀고 그 누이 셋도 청하여 함께 먹고 마시므로 그 잔치날이 지나면 욥이 그들을 불러다가 성결케 하되 아침에 일어나서 그들의 명수대로 번제를 드렸으니 이는 욥이 말하기를 혹시 내 아들들이 죄를 범하여 마음으로 하나님을 배반하였을까 함이라 욥의 행사가 항상 이러하였더라"(욥 1:1~5)

욥은 순전하고 정직한 사람이었습니다. 하나님을 경외하며 악에서 떠난 사람이었습니다. 그래서 그 자식들이 잔치를 베풀고 나면 혹시 자식들이 스스로도 알지 못하는 사이에 범한 죄가 있지 않나 싶어서 번제를 드리기도 했습니다.

그런데 문제는 그것이 우리 신앙의 요체는 아니라는 사실입니다. 죄를 짓지 않는 것이 신앙이 아니라 거룩해지는 것이 신앙입니다. 결국 욥은 죄를 범하지만 않으면 그것으로 자기 할 일은 다 한 줄 알았던 것입니다. 물론 죄를 범하지는 않았습니다. 하루 아침에 알거지가 되었을 뿐만 아니라 10명이나 되던 자식을 다 잃고 기와장으로 자기 몸을 긁어야 할 만큼 독한 악창에 시달리면서도 하나님을 원망하는 죄를 범하지는 않았습니다. 하지만 우리의 신앙 목표가 그것은 아닙니다. 우리의 신앙은 얼마 만큼 죄를 안 짓느냐로 가늠할 것이 아니라 얼마 만큼 신의 성품에 참여하느냐로 가늠해야 합니다. 단지 죄를 안 짓기에 급급한 것으로는 모자랍니다. 욥의 고백처럼 하나님께 대하여 귀로 듣기만 하던 수준에 만족할 것이 아니라 눈으로 뵙는 수준까지 가야 합니다.

그런데 이 사실을 놓치면 갖고 있는 신앙으로 그저 죄를 안 짓기에 급급해집니다. 고작해야 하나님을 원망하지 않는 것을 최고 수준으로 알 만큼 신앙이 가난해집니다. 하나님을 경외하여 악에서 떠나기만 하면 되는 것이 아니라 그보다 더 고급한 수준이 있다는 사실을 알아야 합니다.

우리 주변에서 이런 오류를 흔히 볼 수 있는데 그 대표적인 모습이 그저 교회 나오는 것만으로 신앙생활을 하는 줄 아는 것입니다. 그러면 이 경우에 자기에게 있는 신앙으로 무엇을 하는고 하니 바로 예배를 안 빼먹는다는 얘기인데, 이것은 실로 유감스러운 일입니다. 물론 예배를 빼먹으면 안됩니다. 하지만 예배를 안 빼먹는 것이 신앙은 아니기 때문입니다. 우리에게 있는 신앙은 그렇게 경직된 모습으로 나타나는 것이 아니라 훨씬 더 부요하고 풍요한 모습으로 나타나야 합니다.

널판

출 26:15~30

너는 조각목으로 성막을 위하여 널판을 만들어 세우되 각 판의 장은 십 규빗, 광은 일 규빗 반으로 하고 각 판에 두 촉씩 내어 서로 연하게 하되 너는 성막 널판을 다 그와 같이 하라 너는 성막을 위하여 널판을 만들되 남편을 위하여 널판 스물을 만들고 스무 널판 아래 은받침 마흔을 만들지니 이 널판 아래에도 그 두 촉을 위하여 두 받침을 만들고 저 널판 아래에도 그 두 촉을 위하여 두 받침을 만들지며 성막 다른 편 곧 그 북편을 위하여도 널판 스물로 하고 은받침 마흔을 이 널판 아래에도 두 받침, 저 널판 아래에도 두 받침으로 하며 성막 뒤 곧 그 서편을 위하여는 널판 여섯을 만들고 성막 뒤 두 모퉁이 편을 위하여는 널판 둘을 만들되 아래에서부터 위까지 각기 두 겹 두께로 하여 윗고리에 이르게 하고 두 모퉁이 편을 다 그리하며 그 여덟 널판에는 은받침이 열여섯이니 이 판 아래에도 두 받침이요 저 판 아래에도 두 받침이니라 너는 조각목으로 띠를 만들지니 성막 이편 널판을 위하여 다섯이요 성막 저편 널판을 위하여 다섯이요 성막 뒤 곧 서편 널판을 위하여 다섯이며 널판 가운데 있는 중간 띠는 이 끝에서 저 끝에 미치게 하고 그 널판들을 금으로 싸고 그 널판들의 띠를 꿸 금고리를 만들고 그 띠를 금으로 싸라 너는 산에서 보인 식양대로 성막을 세울지니라

널판

그 다음에 이런 성소 덮개를 지탱하고 있는 것이 널판입니다. 이 널판의 재료는 조각목인데, 폭 한 규빗 반(대략 70cm), 길이 십 규빗(대략 4.5m)의 널판 마흔여덟 개로 성소의 벽이 이루어져 있습니다. 기둥과 지붕만 있는 건물은 없습니다. 벽이 있어야 비로소 건물이 됩니다. 그러니까 성소도 이 널판으로 된 벽이 있어야 하는 것입니다. 이 얘기를 지금의 교회로 옮기면 어떻게 되겠습니까?

〈널판으로 구성된 성소 외부의 모습〉

바로 성도들이 됩니다. 성도가 있어야 교회의 의미가 있는 것입니다. 사람들은 흔히 예배당을 가리켜서 교회라고 하는데 성경에서 말하는 교회는 예배당이 아닙니다. 믿는 사람들이 곧 교회입니다. 하나님의 관심은 언제나 우리에게 있지, 건물에 있는 것이 아닙니다. 결국 성소의 벽을 이루는 널판은 바로 우리들을 상징하고 있는 것입니다.

아무 생각없이 본문을 그냥 읽으면 뜻을 파악하기 힘들 것입니다. 그러니 유의해서 읽으시기 바랍니다.

우선 17절에, "각 판에 두 촉씩 내어 서로 연하게 하되…"라고 했습니다. 널판을 지지할 수 있는 무엇인가를 만들라는 얘기입니다.

그 다음 19절에, "스무 널판 아래 은받침 마흔을 만들지니 이 널판 아래에도 그 두 촉을 위하여 두 받침을 만들고 저 널판 아래에도 그 두 촉을 위하여 두 받침을 만들지며"라고 했습니다. 널판 밑에 은받침을 만들라는 얘기입니다. 마치 기차 레일처럼 은받침을 두 줄로 만들어서 그 위에 널판을 세우는 것입니다. 그리고 촉을 만들어서 은받침을 지탱합니다.

26절에, "너는 조각목으로 띠를 만들지니 성막 이편 널판을 위하여 다섯이요"라고 되어 있습니다. 성소의 벽을 만드는데 단지 널판을 세운 것으로는 지탱이 안됩니다. 물론 은을 댄 받침도 있고 또 촉이 있어서 끼울 수 있게 되어 있기는 합니다만 길이가 십 규빗(4.5m)이나 되는 널판을 지탱하기에는 힘이 모자랍니다. 그래서 띠를 만들어서 그것을 연결하는 것입니다. 조각목에다 금을 입힌 띠로 널판들을 서로 연결해야 합니다.

여기서 우리는 성도의 연합을 볼 수 있습니다. 우리는 원래 서로 똑같은 모습이 아니었습니다. 본래 자라나기는 제각각 자라났는데 그리스도 안에서 하나가 되었습니다. 조각목에서 널판이 되면서 이미 하나가 되

⟨띠로 널판을 고정시킨 모습⟩

었습니다. 하지만 그것으로 모자랍니다. 하나가 된 상태가 흔들리지 않게 다시 또 묶어야 합니다.

"이 모든 것 위에 사랑을 더하라 이는 온전하게 매는 띠니라"(골 3:14) 하는 말씀처럼 사랑으로 하나가 되어야 합니다.

또 널판의 받침은 은이었습니다. 성막에 쓰이는 대부분의 기구가 금이었는데 여기서는 은입니다. 성경에 보면 은은 항상 어떤 대가를 지불하는 수단으로 나옵니다. 예수님의 몸값이 은 30이었고, 요셉의 몸값은 은 20이었습니다. 널판은 우리를 상징하는데 우리의 기초가 은입니다. 대속 수단인 은을 기초로 우리가 서있습니다. 무슨 뜻인고 하니 우리의 기초는 우리를 위하여 자신을 주신 예수님이라는 뜻입니다.

우리는 분명히 이 세상에서 살아갑니다. 하지만 우리의 기초는 이 세상이 아닙니다. 세상은 언제나 우리를 외면합니다. 환영하지 않습니다. 성경 말씀대로 살면 세상은 언제나 우리를 따돌립니다. 비록 세상에 속하여 살지만 우리의 기초는 언제나 이 세상이 아닌 다음 세상임을 알아야 합니다.

성도 한 사람 한 사람을 상징하는 널판이 본래 어떤 모습이었습니까? 곧게 뿌리내린 백향목이 아니었습니다. 말라 비틀어진 조각목이었습니다. 상당히 볼품없는 모습이었습니다. 그런데 그 조각목이 본래 있던 자리에서 잘려졌습니다. 자기가 살던 세상에서 분리되었습니다. 아브라함 식으로 얘기하면 본토 친척 아비 집을 떠난 것입니다. 하지만 그것은 끝이 아니라 오히려 시작이었습니다. 분리된 다음에 껍질이 벗겨지고, 다듬어지고, 그 안에 남아 있는 습기까지 다 건조된 다음에 대패질을 해서 평평하게 만들었습니다. 그것으로는 크기가 모자라니까 다른 것을 붙이기도 했습니다. 그리고는 하나님의 성품을 상징하는 금을 입히고, 그것으로도 모자라서 띠로 묶어 놓았습니다. 바로 이것이 하나님이 우리를 부르시는 방법입니다. 처음부터 잘 나서 부른 것이 아닙니다. 형편없는 것을 불러다가 이렇게 만드시는 것입니다.

"형제들아 너희를 부르심을 보라 육체를 따라 지혜 있는 자가 많지 아니하며 능한 자가 많지 아니하며 문벌 좋은 자가 많지 아니하도다 그러나 하나님께서 세상의 미련한 것들을 택하사 지혜 있는 자들을 부끄럽게 하려 하시고 세상의 약한 것들을 택하사 강한 것들을 부끄럽게 하려 하시며 하나님께서 세상의 천한 것들과 멸시 받는 것들과 없는 것들을 택하사 있는 것들을 폐하려 하시나니 이는 아무 육체라도 하나님 앞에서 자랑하지 못하게 하려 하심이라"(고전 1:26~29)

세상에서는 어떤 일의 효율을 중요시합니다. 그래서 능력 있는 사람을 구합니다. 그런데 하나님은 그렇게 하지 않으십니다. 오히려 별볼일 없는 사람을 택해서 일을 맡기십니다. 혹시 잘난 사람을 부르게 되면 그 일이 되어진 후에 하나님 앞에서 자랑하는 육체가 나오기 때문입니다. "적어도 나쯤 되니까 그런 일을 했다"는 말을 할 수 없게 하기 위해서 하나님은 일부러 가장 능력 없는 사람에게 일을 맡기십니다.

누군가가 어떤 일을 했는데 그 사람이 본래 똑똑한 사람이라면 아무도 거기서 하나님의 손길을 느끼지 못합니다. 하지만 굉장히 별볼일 없는 사람임에도 불구하고 아무도 할 수 없는 일을 해냈으면 그것은 그 사람 혼자 한 것이 아니고 누군가가 간섭했다는 뜻입니다. 하나님께서 바로 그런 것을 원하신다는 말씀입니다.

이런 면에서 가장 오해되고 있는 사람이 바울입니다. 사람들은 그가 남긴 업적에 눈이 가려서 그를 제대로 평가하지 못하는 경향이 있습니다. 비록 한때 그리스도를 박해하기는 했지만 본래 똑똑한 사람이었기 때문에 그가 예수를 반대하는 쪽에서 지지하는 쪽으로 방향을 선회하는 순간, 그의 재능을 기초로 놀라운 업적을 남겼다고 생각하는 것입니다. 하지만 절대 그렇지 않습니다. 바울은 스스로 고백하기를 만삭되지 못하여 난 자(고전 15:8)이며, 사도 중에 지극히 작은 자(고전 15:9)이고, 죄인 중에 괴수(딤전 1:15)라고 했습니다. 얼핏 생각하면 자기 자신에 대한 겸손한 설명인 것도 같지만 그렇지 않습니다. '겸손'은 유교 문화권에서나 미덕입니다.

우리나라 사람들은 탁구를 제법 칠 줄 알아도 옆에서 누가 물어보면, "잘 못친다"고 대답해야 정상입니다. "응, 나 잘 쳐" 하고 대답하면 푼수나 왕자병 취급을 받습니다. 그런데 미국은 그렇지 않습니다. 잘 치면 잘 친다고 하고 못 치면 못 친다고 해야 정상입니다. 자기 입으로 분명히 못 친다고 했는데 막상 같이 쳤더니 그게 아니면 오히려 이상한 눈으로 쳐다봅니다. 그런데 바울은 헬라 문화권에서 자란 사람입니다. 겸손이 미덕이 아니라 자기 주관이 미덕인 사람입니다. 실제로 바울이 살던 시대에는 '겸손'이라는 개념 자체가 아예 없었습니다.

그런데도 바울이 스스로를 가리켜서 만삭되지 못하여 난 자, 사도 중에 지극히 작은 자, 죄인 중에 괴수라고 했다는 것은 단지 그의 인격이 겸손해서가 아니라 실제로 그렇게 생각했기 때문에 자기 생각을 사실 그대로 말한 것입니다.

사실 초대교회 당시에 말귀를 잘 알아듣는 사람들은 베드로의 한 번 설교로 3,000명이 회개하고 5,000명이 세례를 받을 때에 전부 다 예수님을 영접했습니다. 그런데도 바울은 워낙 꼴통이다보니 말귀를 알아듣지 못한 정도가 아니라 오히려 예수를 박해하는 것을 예수님이 불쌍히 여기셔서 부르신 것입니다.

이 다음에 천국에 가서 바울에게 혼나는 한이 있더라도 할 말은 해야 하겠습니다. 우리는 바울이 남긴 업적에 눈이 가려서 그에 대한 편견을 갖기 쉬운데 그렇지 않습니다. 그가 그렇게 많은 업적을 남기게 된 일차적인 이유는 한 곳에 정착하여 목회를 한 것이 아니라 여기저기 순회하면서 목회를 했기 때문이고, 특히 신약성경의 대부분을 그가 기록한 것은 그의 목회 사역에 문제가 많았다는 반증입니다. 고린도 교회, 갈라디아 교회 등 그가 개척한 교회에 아무런 문제가 없었더라면 굳이 바울도 그 교회에 편지를 쓸 이유가 없었을 텐데, 그가 개척한 교회마다 문제가 있었고 그래서 그 문제를 해결하느라고 편지를 보낸 것이 오늘날 우리가 보고있는 성경입니다. 그의 탁월한 재능으로 성경이 기록된 것이 아니라 잘못된 목회 사역의 공백을 권면하느라고 보냈던 편지가 성경이 된 것입니다. 그러니 바울의 행적을 보면서, 하나님은 바울 같은 사람도 이만큼 훌륭하게 쓰시는 분이라는 사실을 보지 못하고 마냥 감탄하는 것은 성경을 옳게 보지 못한 것입니다.

복음을 설명하면서 우리의 공로로 구원 얻은 것이 아니라 하나님의 은혜로 구원 얻었다는 사실을 설명하면 그런 오해들을 많이 합니다. 은혜로 구원 얻었다는 사실은 인정하면서도 은혜 받을 만하니까 받았다는 착각을 합니다. 자기는 은혜 받을 만해서 은혜 받았고 저 사람은 은혜 받을 자격이 없어서 하나님께서도 은혜를 주시지 않았다고 하면 완전히 넌센스입니다. 자격에 따라서 수혜가 결정되는 것이라면 그것은 더 이상 은혜가 아니기 때문입니다. 은혜와 자격은 결코 양립할 수 없습니다.

만일 성소의 벽이 된 조각목이 자기가 잘나서 선택된 줄 안다면 그것은 한낱 코미디에 불과합니다. 성소의 벽이 된 다음에는 조각목이었던 자기의 예전 모습은 아예 나타나지 않기 때문입니다. 우리는 언제나 하나님의 은혜에 대한 감사가 나와야 합니다. 자랑이 나오면 이미 틀린 것입니다.

"그의 안에서 건물마다 서로 연결하여 주 안에서 성전이 되어 가고 너희도 성령 안에서 하나님의 거하실 처소가 되기 위하여 예수 안에서 함께 지어져 가느니라"(엡 2:21~22)

바로 이 모습이 성소에 있는 널판의 모습입니다. 서로 연결되어 함께 완성되는 것입니다.

"그러므로 주 안에서 갇힌 내가 너희를 권하노니 너희가 부르심을 입은 부름에 합당하게 행하여 모든 겸손과 온유로 하고 오래 참음으로 사랑 가운데서 서로 용납하고 평안의 매는 줄로 성령의 하나 되게 하신 것을 힘써 지키라"(엡 4:1~3)

여기에 보면 "성령의 하나 되게 하신 것을 힘써 지키라"는 말이 나옵니다. 요컨대 신앙이란 하나님이 하나로 묶어 놓으신 것을 하나인 상태로 유지하기 위해서 애쓰는 것입니다. 이 말을 뒤집으면 우리 주변에는 항상 하나 되게 하는 것을 방해하는 요소가 있기 때문에 그것과 싸우는 것이 신앙이라는 뜻입니다.

우리가 흔히 하는 실수 중에 교회에서 어떤 일을 하다가 서로 의견이 안 맞으면 "에이, 난 안 해! 저 사람 빼" "짤라! 짜르면 되잖아" 하는 실수가 있습니다. 마음 맞는 사람끼리 하면 될 것 아니냐는 얘기입니다. 사실 일의 효율만을 놓고 따지면 그럴 수 있습니다. 하지만 그것은 '신앙' 하고는 관계없는 얘기입니다. 하나님은 우리가 얼마 만큼 남보다 잘났느냐를 보시지 않고 얼마 만큼 함께 자라느냐를 보십니다.

사실 대부분의 교인들은 능력, 헌신, 충성, 권능 등의 단어를 좋아합니다. 물론 다 좋은 말들입니다. 그런데 성경을 읽다보면 성경에서는 능력, 헌신, 충성, 권능 이전에 절제, 양보, 인내, 온유, 겸손이 더 자주 나옵니다. 이것은 참으로 심각한 일입니다. 예배시간에 교회 중직자들이 하는 대표기도를 들어보면 이런 차이가 금방 나타납니다. 능력, 헌신, 충성, 권능을 놓고 기도하는 분은 많은데, 절제, 양보, 인내, 온유, 겸손을 놓고 기도하는 경우는 거의 없습니다.

이것이 다 이유가 있습니다. 능력, 헌신, 충성, 권능에는 자기가 나타나는데, 절제, 양보, 인내, 온유, 겸손으로는 자기가 나타나지 않기 때문입니다. 성경은 분명히 후자 쪽에 더 점수를 주고 있는데 사람들은 신앙생활이라는 명분으로 악착같이 자기가 하고 싶은 것을 하더라는 말씀입니다. 성소의 널판을 보십시오. 하나 된 것을 지키려니 자기가 나타날 겨를이 없습니다. 자기가 나타나면 하나인 상태를 유지할 수 없게 됩니다.

전에 어떤 교회 중고등부 친구 초청의 밤 포스터를 본 적이 있습니다.

어깨동무를 한 아이들이 그려져 있었고 그 위에 큼지막한 글씨로 '우리'라고 씌여 있었습니다. 아마도 그 교회 친구 초청의 밤 행사 이름이 '우리'인 모양인데, 그 밑에 "우리는 너와 내가 힘을 합한 것보다 더 큰 힘을 나타냅니다"라는 설명이 있었습니다. 시너지 효과를 말합니다. 왜 1+1이 꼭 2만 되겠느냐, 서로 힘을 어떻게 합하느냐에 따라서 3도 되고 4도 된다는 얘기인데, 이 경우가 그렇습니다. 서로 힘을 합하여 극대화된 결과에만 주목하느라고 서로 힘을 합하기 위해서는 피차 감수해야 할 내용도 있다는 사실을 간과하기 쉽습니다.

가끔 결혼식에 참석하는 경우가 있습니다. 결혼식에 하객으로 참석하면 물론 반가와 합니다. "바쁠 텐데 어떻게 왔느냐?"고 인사하면서 주변을 두리번거리다가 "그런데 애 엄마는?" 하고 묻습니다. 기왕이면 동부인해서 오지, 왜 혼자 왔느냐는 질문입니다. 제가 갔을 때만 그런 얘기를 듣는 것이 아닙니다. 제 처 혼자 가도 그렇습니다. 와줘서 고맙다는 말을 하면서도, "애 아빠는?" 하고 저의 소식을 묻습니다.

이런 얘기를 안 들으려면 저와 제 처가 같이 가면 됩니다. 둘이서 같이 가면 제가 갔을 때의 반가움과 제 처가 갔을 때의 반가움을 합한 것보다 더 많이 반가와 합니다. 그런데 이런 반가움을 주는 것이 저절로 되지 않습니다. 저와 제 처가 같이 시간을 내서 함께 가야 하기 때문입니다. 둘이서 같이 가려면 혼자 갈 때보다 훨씬 더 힘이 듭니다. 저는 일단 시간에 대해서 강박관념이 있는 사람입니다. 인내의 한계가 3분입니다. 정해진 시간에서 3분이 지난 것과 지구가 거꾸로 도는 것을 구분을 못합니다. 그래서 아예 못을 박습니다. "여보, 나 12시에 출발해요." 당신이 차에 타던 타지 않던 관계없이 12시에 출발하니까 같이 가고 싶으면 12시 전에 차에 타라는 노골적인 협박입니다. 부부사이에 차마 하기 어려운 말까지 해야 그나마 12시 10분에 출발할 수 있습니다. 가는 동

〈사방이 금인 성소 내부 전경〉

안에도 그렇습니다. 저는 운전하면서 항상 테이프를 듣습니다. 테이프를 듣기 위해서는 차창을 닫아야 하는데 제 처는 바람 쐬는 것을 좋아합니다. 그러니 천상 차창을 열어야 하고 또 차창을 열면 바깥의 소음 때문에 테이프가 제대로 들리지 않아서 볼륨을 최대한 높여야 합니다. 저는 저대로 테이프가 잘 안 들려서 불만이고 제 처는 제 처대로 시끄러워서 불만입니다. 이 모든 우여곡절을 감수해야 둘이서 같이 참석한 반가움을 줄 수 있습니다. 절대 공짜가 아닙니다.

이처럼 자기 혼자 하는 편함을 양보해야 1+1이 3도 되고 4도 됩니다. 그런데 사람들은 3이 되고 4가 되는 것도 좋지만 일단 자기가 나타나야 합니다. 자기가 나타나지 않는 것을 참지 못합니다. 그래서 온유, 겸손, 양보보다 능력, 헌신, 충성, 권능을 더 좋아합니다.

그림으로 보는 것이 성소 내부입니다. 널판 마흔여덟 장으로 성소 벽이 만들어졌는데, 그 널판에는 금이 입혀져 있습니다. 또 그 안에 있는 성물들도 그렇습니다. 왼쪽에 촛대가 있고 오른쪽에는 떡상, 가운데 분향단이 있는데 전부 다 순금으로 되어 있습니다. 그러면 그 안의 광경이 어떻겠습니까? 촛대에는 24시간 계속 불이 밝혀져 있습니다. 그 불빛은 금으로 덮힌 널판에 다시 반사될 것이고, 그 반사된 빛이 다시 반사됩니다. 그야말로 금빛으로 휘황찬란한 모습입니다. 우리가 가야 하는 곳이 바로 그런 곳입니다.

그리고 여기서 널판이 하는 또 한 가지의 일을 확인할 수 있습니다. 일차적으로 성소의 모양을 만들어주기도 합니다만 그것만이 아닙니다. 금촛대에서 나오는 빛을 받아서 그 빛을 다시 반사시켜 주기도 합니다.

예수님께서 하신 말씀 그대로 입니다.

"나는 세상의 빛이니 나를 따르는 자는 어두움에 다니지 아니하고 생명의 빛을 얻으리라"(요 8:12)

"내가 세상에 있는 동안에는 세상에 빛이로라"(요 9:5)

예수님은 세상의 빛입니다. 그러면서 다시 우리에게, "너희는 세상의 빛이라…"(마 5:14) 하고 말씀하십니다. 우리가 바로 세상의 빛입니다. 일단 예수님이 세상의 빛이고 또 예수님의 빛을 받은 우리가 세상의 빛입니다. 우리 스스로 빛을 내는 것이 아니라 예수님께로부터 받은 빛이 다시 우리에게서도 나와야 하는 것입니다.

이 널판이 바로 그렇습니다. 항상 금촛대에서 나오는 빛을 받아야 하고 또 그 빛을 항상 비춰야 합니다. 바로 이것이 널판이 했던 역할이고 이제 우리에게 넘겨진 우리의 사명입니다.

떡상

출 25:23~30

너는 조각목으로 상을 만들되 장이 이 규빗, 광이 일 규빗, 고가 일 규빗 반이 되게 하고 정금으로 싸고 주위에 금테를 두르고 그 사면에 손바닥 넓이 만한 턱을 만들고 그 턱 주위에 금으로 테를 만들고 그것을 위하여 금고리 넷을 만들어 그 네 발 위 네 모퉁이를 달되 턱 곁에 달라 이는 상 멜 채를 꿸 곳이며 또 조각목으로 그 채를 만들고 금으로 싸라 상을 이것으로 멜 것이니라 너는 대접과 숟가락과 병과 붓는 잔을 만들되 정금으로 만들지며 상 위에 진설병을 두어 항상 내 앞에 있게 할지니라

떡상

성소 안으로 들어가면 가장 먼저 떡상이 보입니다. 이 떡상에서 떡을 먹을 수 있는 사람은 번제단과 물두멍을 통과한 사람입니다. 번제단과 물두멍을 통과하지 않은 사람은 떡상에 놓여있는 떡을 먹을 자격이 없습니다.

떡상에는 언제나 열두 개의 떡이 놓여져 있었습니다. 이스라엘 열두 지파를 상징하는 것입니다. 그런데 이 문제는 그렇게 간단한 문제가 아닙니다. 왜냐하면 이스라엘이 항상 열두 지파였던 것이 아니기 때문입니다.

〈떡상〉

물론 처음에는 열두 지파로 시작하였습니다. 하지만 솔로몬이 죽자, 남북으로 나라가 분열됩니다. 남왕국 유다에서 이스라엘의 정통인 다윗 왕조를 이었는데, 여기에는 고작해야 두 지파만 남았습니다. 과반수가 훨씬 넘는 열 지파가 북왕국 이스라엘에 속하게 되었습니다. 그래도 떡상의 떡은 열두 개였습니다. 심지어는 B.C. 722년에 북왕국 이스라엘이 앗수르에게 멸망하여 그 나라가 아예 없어져 버렸는데도 여전히 열두 개였습니다. 왕국이 분열되었다는 것이 떡상의 떡을 감할 수 있는 이유가 되지 못했고, 심지어는 나라가 없어지는 것도 그 이유가 될 수 없었습니다. 이 열두 개의 떡이 구약시대에 있어서의 하나님의 백성 전체를 상징하는 것입니다. 이처럼 우리의 생각 속에는 언제나 하나님의 백성 전체에 대한 관심이 있어야 합니다.

그 다음에 떡상에 놓여 있는 떡은 우리의 참떡 되시는 예수님(요 6:32)을 의미하기도 합니다. 예수님의 고향이 어디입니까? 예수님께서 태어나신 마을 이름이 베들레헴인데, 베들레헴은 '떡집'이라는 뜻입니다. 히브리어로 집을 '벧'이라고 합니다. 그러니까 성경을 읽다가 '벧'이 나오면, "아! 무슨 집이로구나" 하고 생각하면 됩니다. 벧엘은 하나님의 집이라는 뜻이고, 베데스다(벧+에스다)는 자비의 집이라는 뜻입니다. 어쨌든 우리의 생명의 떡이 되시는 예수님은 떡집인 베들레헴에서 태어나셨습니다.

예수님께서 친히 하신 말씀이 있습니다.

"내가 곧 생명의 떡이니 내게 오는 자는 결코 주리지 아니할 터이요 나를 믿는 자는 영원히 목마르지 아니하리라"(요 6:35)

"나는 하늘로서 내려온 산 떡이니 사람이 이 떡을 먹으면 영생하리라 나의 줄 떡은 곧 세상의 생명을 위한 내 살이로라"(요 6:51)

여기서 떡이라는 얘기는 다분히 문화적인 표현입니다. 영어 성경에는 bread라고 되어 있습니다. 우리말로 옮기면 "내가 곧 생명의 밥이다"라고 해야 합니다. 아닌게아니라 예수님이 우리의 밥입니다. 우리는 예수를 먹어야 살 수 있습니다. 성소 안에 있는 이 떡은 예수님을 우리한테 보여주고 있습니다.

또 이 떡은 우리의 영의 양식인 성경을 상징합니다. 드와이트 무디 같은 사람은 "내가 하루 일과를 시작하면서 하나님의 말씀을 대하기 전에는 밥을 먹지 않겠다"고 굳게 맹세하여 평생 그 맹세를 지키기도 했습니다.

시편 119편에 보면 특히 하나님의 말씀에 대한 내용이 많이 나옵니다.

"주의 입의 법이 내게는 천천 금은보다 승하니이다"(시 119:72)

하나님의 말씀이 얼마나 귀한지 수많은 금은보다 더 귀하다는 고백입니다. 만일 예배를 드리면서 설교 본문이 이 말씀이라 치고, 사회자가 본문을 봉독하면 모두들 "아멘" 하고 말은 할 것입니다. 그런데 "아멘"이 무슨 뜻입니까? "아멘"은 "진실로 그렇습니다" "저도 그렇게 생각합니다"라는 뜻입니다. 그러면 그 본문에 대해서 자기도 동의한다는 고백이 "아멘"으로 나오는 것이라야 하는데, 정말로 그렇습니까? 정말로 금은 보화보다 성경 말씀을 더 귀한 것으로 여기십니까? 만일 누군가가 여러분에게 성경 말씀 한 구절을 외울 때마다 천 원씩 준다고 하면 아마 목숨 걸고 외울 사람 많을 겁니다. 어쩌면 본격적으로 팔 걷어붙이고 아르바이트로 나설 사람도 있을 것입니다.

성경 본문을 읽을 때에는 "주의 입의 법이 내게는 천천 금은보다 승하니이다. 아멘!" 했으면서, 아무도 그렇게 하지 않습니다. 실제로 그와 비슷하게 할 때가 딱 한 번 있는데, 수련회 가서 식사 요절 외울 때입니다. 일단 먹고 사는 문제가 걸려 있어야 그렇게 합니다.

"내가 주의 계명을 사모하므로 입을 열고 헐떡였나이다"(시 119:131)

100m 달리기나 오래 달리기를 하면 숨이 가쁩니다. 그렇게 가쁜 숨을 몰아쉬는 것처럼 하나님의 말씀을 사모한다는 얘기인데, 저는 이런 말씀에 대해서 아무 생각 없이 "아멘!" 하는 사람을 보면 의아하기까지 합니다. 아마도 본문이 무슨 뜻인지 모르거나 "아멘"이 무슨 뜻인지 모르거나 둘 중의 하나일 것입니다.

"갓난아이들 같이 순전하고 신령한 젖을 사모하라"(벧전 2:2)

어린애들이 젖을 빠는 모습을 보신 적이 있을 것입니다. 그 조그만 것이 어디에서 힘이 나는지 상당히 힘차게 빱니다. 왜 그런가 하면, 그렇지 않으면 살지 못하기 때문입니다. 어린애들이 그렇게 힘차게 엄마 젖을 빠는 것처럼 하나님의 말씀을 사모하라는 얘기입니다.

여러분은 성경 구절을 몇 절이나 외우는지 모르겠습니다. 아마 사람마다 다를 것입니다만 이런 얘기를 하면 전부 다 지레 엄살부터 합니다. 본래 머리가 돌이라서 외우지 못한다는 것입니다. 머리가 돌이라서 성경을 외우지 못한다는 분들께만 특별히 알려 드립니다. 돌에는 한 번 새기면 지워지지 않습니다. 문제는 머리가 돌이라서 외어지지 않는 것이 아니라 돌이라는 핑계로 아예 처음부터 새기려 들지를 않는다는 사실이 문제입니다.

저는 남달리 처제가 많습니다. 나보다 처제 많은 사람 있으면 나와보

쉽게보는 어려운 성막 | 137

라고 큰소리를 칠 수 있을 만큼 많습니다. 제 처가 무남십녀의 장녀입니다. 그래서 저는 처제만 모두 아홉 명이나 있는데, 친구들에게서 가끔 처제 이름은 다 아느냐는 질문을 받습니다. 제가 처제 이름을 다 외우겠습니까? 외우지 못하겠습니까? 이름만 외우는 것이 아니라 생일도 외웁니다. 그런데 이런 것을 가리켜서 기억력이라고 하지 않습니다. 기억력이 아니라 관심입니다.

어떤 사무실에서 미혼인 남자가 같이 근무하는 여사원의 생일을 축하한다며 장미꽃 한 송이를 선물하는 경우에, 그 꽃을 기억력의 표현이라고 생각하는 사람은 없습니다. 기억력이 아니라 관심의 문제입니다. 이런 경우에 "자식! 근무 시간에 일이나 하지. 쓸데없이 기억력은 좋네" 하고 굳이 기억력에 엑센트를 두는 사람이 있다면, 그 여사원을 사이에 놓고 서로 눈치를 보고 있는 다른 남자일 것입니다.

성경 얘기만 나오면 사람들이 말을 그렇게 하더라는 말씀입니다. '관심'을 얘기하지 않고 '기억력'을 먼저 얘기합니다. 차마 성경에 관심이 없다는 말은 못하고 전부 다 애꿎은 머리만 타박합니다. 그러면서도 말로는 시간 나면 성경 본다고 합니다. 혹시 여러분 중에 시간 나면 데이트하는 사람 있습니까? 데이트는 시간 나면 하는 것이 아니라 데이트를 위해서 시간을 남겨두는 법입니다. 성경도 그렇습니다. 시간 나면 읽은 것이 아니라 시간을 내서 읽어야 합니다.

제가 중고등부 학생들에게 학교에서 성경을 읽어서 예수 믿는 티를 내라는 얘기를 자주 하는데 여러분도 마찬가지입니다. 직장 생활하시는 분들은 사무실에서, 학생들은 학교에서 틈틈이 성경을 읽으시기 바랍니다. 그렇게 하면 꼭 하나님의 말씀을 가까이 하는 것만이 아니라 또 다른 유익이 있습니다. 예수 믿는 티를 내면 그 사실이 그만큼 자기에게 올무가 됩니다. 스스로 자기 행동을 조심하게 됩니다. 남들 커피 마시면서 딴 짓 할 때 혼자 경건한 척 성경 읽어놓고 남들이 얌체 짓 한다고 해서 같이 얌체 짓 할 수가 없게 됩니다. 남들이 언성 높일 때 같이 언성 높일 수가 없게 됩니다. 그러면 그만큼 자기에게 유익입니다.

담배를 끊는 것은 참으로 힘들다고 합니다. 그런데 금연 결심을 돕는 테크닉 중에 자기의 금연 사실을 주변에 공개하라는 내용이 있었습니다. 자기가 앞으로는 담배를 피우지 않겠다는 사실을 주변에 알림으로써 담배를 피우면 자기 체면이 손상되는 제도적인 장치를 만들라는 것이었습니다. "나, 담배 끊었어!" 하고 말을 해두면 행여 결심이 흔들려서 다시 담배를 피우고 싶어도 그 사람 앞에서는 한 번 더 참을 수 있기 때문입니다.

예수를 믿는 것도 마찬가지입니다. 신앙생활을 지금보다 더 잘할 수 있도록 자기 주변 여건을 스스로 조성해야 합니다. 사람은 자기 혼자 알아서 훌륭해지지 않습니다. 누군가가 옆에서 간섭을 해줘야 합니다. 그 중에 한 방법이 사람들 앞에서 예수 믿는 티를 내는 방법입니다. 아마 사무실에서 점심 시간에 성경 읽는 모습을 틈틈이 보여주면 회식 자리에서 술을 억지로 권하는 사람도 줄어들 것입니다.

그런데 우리 주변에서 흔히 볼 수 있는 모습은 열심히 예수 믿는 티를 내는 모습이 아니라 애써 그 사실을 감추는 모습입니다. 어지간하면 예수 믿는 티를 내지 않고 믿으려고 합니다. 예수 믿는 티를 내면 그만큼 귀찮고 자기 행동에 제약이 따르기 때문입니다. 그것이 우리의 현실입니다. 그러니 도무지 신앙이 자랄 틈이 없습니다. 신앙이 자라려면 신앙이 자랄 만한 일들을 꾸준히 해야 하는데 사회생활에 지장이 있다는 핑계로 신앙에 도움되는 일을 일부러 하지 않으니 예수를 10년 믿어도 맨날 제자리입니다.

어떤 사람에게서 이런 얘기를 들었습니다. 직장 생활을 하다보면 마지 못해서 술자리에 참석하는 경우가 있는데, 아무리 교회 다닌다고 해도 그렇지 한사코 술을 거부하면 자기 한 사람 때문에 분위기가 깨질 텐데 그것을 어떻게 하느냐는 것이었습니다. 저는 그런 얘기를 들으면 참 답답합니다. 왜 분위기가 깨지는 것만 걱정되고 자기 영성에 흠이 가는 것은 걱정이 안 되는지 도무지 이해가 되지 않습니다. 그러니까 사실은 분위기에는 관심이 있는데 자기 영성에는 별로 관심이 없다는 반증입니다. 분위기를 핑계로 그 분위기를 은근슬쩍 즐기고 싶은 것입니다.

성령님이 역사하시는 가장 중요한 통로가 말씀입니다. 성령님은 말씀과 함께 역사하기를 좋아하십니다. 그래서 우리가 말씀에 대한 깨우침이 있으면 있을수록 성령님께서 우리 안에서 역사하시는 폭이 넓어집니다.

친구들끼리 농담을 해도 그렇습니다. 농담을 하면 일단 알아들어야 재미있습니다. 수준이 맞아야 농담도 가능합니다. 기껏 재미있는 얘기를 했는데 눈만 껌벅거리면 얘기를 한 사람만 공연히 썰렁해집니다.

성령님도 그렇습니다. 물론 성령님의 능력에 제한이 있다는 말씀은 아닙니다. 우리가 말씀을 많이 알면 많이 알수록 성령님께서 그만큼 다양하게 역사하신다는 뜻입니다. 그런데 우리가 말씀에 워낙 게으르다보니 성령님께서 역사하실 폭을 애써 좁히고 있습니다.

제가 전에 성지순례를 갔을 때에 들은 얘기입니다. 하나님께서 이스라엘 민족에게 십계명 돌판 두 개를 주셨는데, 처음에는 이스라엘이 아니라 프랑스를 택했답니다. 그래서 하나님께서 프랑스 사람들을 모아놓고 말씀하셨습니다.

"여봐라! 너희 프랑스 사람들아, 내가 너희에게 십계명을 주겠노라."
"거기에 뭐가 적혀 있습니까?"

"너희는 나 외에 다른 신을 섬기지 말지니라. 우상을 만들지 말지니라. 살인하지 말지니라… 간음하지 말지니라."
"예? 뭐요?"
"간음하지 말지니라."
"아이고, 하나님! 됐습니다. 저희들은 그거 안 받겠습니다"
그래서 하나님이 이번에는 이탈리아 사람들에게 말씀하셨습니다.
"여봐라! 너희 이탈리아 사람들아, 내가 너희에게 십계명을 주겠노라."
"거기에 뭐가 적혀 있습니까?"
"너희는 나 외에 다른 신을 섬기지 말지니라. 우상을 만들지 말지니라. 살인하지 말지니라… 도적질하지 말지니라."
"예? 뭐요?"
"도적질하지 말지니라."
"아이고, 하나님! 됐습니다. 저희들은 그거 안 받겠습니다."
그래서 하나님이 이번에는 이스라엘 사람들에게 말씀하셨습니다.
"여봐라! 너희 히브리 사람들아, 내가 너희에게 십계명을 주겠노라."
"그거 얼마입니까?"
"마! 공짜다. 공짜!"
"예? 공짜요? 그럼 두 개 주십시오."

이렇게 해서 십계명 돌판이 두 개가 되었다는 얘기인데, 물론 이런 얘기를 들으면 프랑스 사람들의 속성이나 이탈리아 사람들의 속성, 히브리 사람들의 속성을 몰라도 웃을 수 있습니다. 그래도 기왕이면 "프랑스는 성도덕이 문란하다고 하더라" "이탈리아에는 좀도둑이 많다고 그러더라" "유대인들은 돈을 밝힌다더라" 하는 사실을 알면 이 농담이 더욱 재미 있어지는 것입니다.

우리가 말씀을 아는 것이 그렇습니다. 많이 알면 많이 알수록 우리의 신앙이 더욱 풍성해질 수 있습니다. 그런데 우리는 말씀을 주로 얼마 만큼 접하는고 하면 일주일에 한 번, 주일 낮예배 본문 만큼 접합니다. 그러니 신앙이 자라지 않는 것이 당연합니다. 평생 주일 낮예배에 참석하면 몇 번이나 예배를 드리게 되는지 모르겠습니다만 아마 평생 주일 낮예배에 개근을 해도 성경 일독에는 어림도 없을 것입니다.

교회에서 흔히 있는 모습 중에 참 우스운 모습이 있습니다. 어떤 사람이 다른 사람을 전도했을 경우에, 앞으로 교회 잘 다니라며 가장 많이 선물하는 것이 성경책입니다. 자기는 일 년 내내 성경 한 줄 안 읽으면서 대체 왜 다른 사람에게 성경을 선물하는지 도무지 이해가 되지 않습니다. 그러면서도 누가 물어보면 성경은 하나님 말씀이라고 얘기는 잘 합니다. 성경은 귀한 말씀이 기록된 책이라고 합니다. 물론 귀하게 여기기도 합니다. 얼마 만큼 귀하게 여기는고 하니, 깔고 앉지 않고 집어던지지 않습니다. 그게 전부입니다.

참으로 안타까운 일입니다. 성경책은 귀한 책이니까 깔고 앉거나 집어던질 수 없는 책이 아닙니다. 정 필요하면 깔고 앉기도 하고 집어던지기도 하되 단, 거기에 기록된 내용을 준행해야 할만큼 귀한 책입니다. 일점 일획이라도 어기면 어기는 것이 우리에게 손해인 하나님 말씀입니다.

TV에서 마술사들이 마술을 하는 것을 보신 적이 있으실 것입니다. 저도 몇 번 본 적이 있습니다. 참 재미있습니다. 그런데 마술사를 존경하는 사람은 없습니다. 그냥 재미있게 보기만 합니다. "나도 이 다음에 저렇게 훌륭한 마술사가 되어야지" 하는 마음으로 보는 것이 아닙니다. 단지 재미있게 보기만 하고 존경하지는 않습니다. 그런데 성경은 정반대입니다. 귀한 말씀이라고는 하면서 한사코 읽지는 않습니다.

우리가 들을 수 있는 칭찬 중에 가장 큰 칭찬은 "신자답다", "저 사람은 정말 예수 믿는 사람답다"는 칭찬이어야 합니다.

만일 제가 다른 사람에게 "전도사답다"는 말을 들으면, 그 말이 제가 들을 수 있는 가장 큰 칭찬입니다. 그러면 제가 어떤 경우에 그런 말을 들을 수 있겠습니까? "바둑 두는 것을 보니 전도사답다" "볼링 치는 것을 보니 전도사답다"는 말은 어울리지 않습니다. 뭔가 전도사의 속성과 연결되는 일을 하고 있어야 그런 말을 들을 수 있습니다. 신자답다는 칭찬도 마찬가지입니다. 예수 믿는 사람과 선이 그어질 만한 일을 해야 그런 칭찬을 들을 수 있습니다. 그리고 그 칭찬은 우리가 들을 수 있는 칭찬 중에 가장 큰 칭찬이고, 우리가 당연히 듣고 싶어하는 칭찬이 되어야 합니다.

성소 안에 들어가면 정면에 분향단이 있고, 왼쪽에 금촛대, 오른쪽에 떡상이 있습니다. 이 떡상의 떡은 매 안식일마다 새 떡으로 바꾸었습니다. 일단 칠일이 지나면 다른 떡으로 교체하고 거기에 있던 떡은 성소에서 일하는 제사장들의 음식이 되었습니다. 그러니까 떡상에는 항상 새로운 떡이 있었던 것입니다. 우리 역시 하나님 말씀을 항상 새롭게 받아야 한다는 뜻입니다.

아무리 밥을 많이 먹어도 다음날 식사를 미리 할 수는 없습니다. 짬뽕 곱빼기 두 그릇 먹고 그 국물에 다시 밥을 말아 먹어서 배가 터질 것 같아도 그것은 한 끼 식사입니다. 때가 되면 다시 배가 고파집니다. 우리의 신앙도 그렇습니다. 그날 양식을 그날 예비하듯이 아무리 큰 은혜를 받아도 늘 새로운 은혜를 받아야 합니다. 예전에 받았던 은혜를 우려먹으면서 신앙생활을 할 수는 없습니다.

성경에서 우리의 구원을 가장 잘 나타내주는 사건이 출애굽 사건입니다. 홍해를 건너는 장면은 지금 우리가 글로 읽어도 읽을 때마다 신이 나는데 그 당시에 직접 홍해를 건넌 이스라엘 사람들은 얼마나 신났겠습니까? 자기들의 눈앞에서 물이 갈라져서 좌우에 물벽이 쌓였고 바닥은 마른땅이 되었습니다. 그리고 자기들을 추격해오던 애굽 군인들은 전부 다 거기에 빠져 죽었습니다. 아마 살아 생전에 다시 누려보기 힘든 감격이었을 것입니다. 그래서 그 다음에 어떻게 되었습니까? 하나님께서 자기들을 그렇게 지켜주신다는 사실을 깨닫고 그 어떤 어려움이나 고난이 있어도 늘 감사하는 마음으로 신앙생활을 했습니까? 그렇지 않습니다. 그런 엄청난 감격이 있었음에도 불구하고 고작해야 사흘이 지나니까 불평을 하기 시작했습니다.

우리도 그렇습니다. 항상 새로운 은혜로 채워져야 합니다. 이것이 안 되면 불평이 나오고 신앙생활이 힘들어집니다. 그러면 맨날 "그 때가 좋았는데…" 하는 타령만 나오게 됩니다. 초등학교 때 산수 잘 했었다는 얘기를 하는 고등학생 치고 수학 잘 하는 학생을 본 적이 없습니다. 별로 건강하지 못한 신앙입니다.

출애굽기 16장에 보면 만나 사건이 나옵니다. 성소의 떡과 또 그것이 상징하는 하나님의 말씀을 우리에게 잘 설명해주는 것이 만나입니다. 만나는 매일 내려왔습니다. 그 날 먹을 것을 그 날 거두어야 했습니다. 이틀치를 거두어봐야 그것은 벌레가 생기고 냄새가 나서 못 먹게 되었습니다. 우리가 하나님의 말씀을 이렇게 받아야 합니다. 항상 새 것으로 받아야 합니다.

그러면 하나님의 말씀이 영의 양식이라 치고, 대체 이 말씀을 왜 받아야 하는지 생각해 봅시다. 옛날 이스라엘 사람들이 만나를 왜 먹어야 했습니까? 조금 유치한 질문입니다만 사람이 먹기 위하여 삽니까? 살기 위하여 먹습니까? 다른 사람을 빈정거릴 적에는 먹기 위해서 산다는 말을 하기도 합니다만 사람은 먹기 위하여 사는 것이 아니라 살기 위하여 먹습니다. 출애굽 시대의 이스라엘 사람들도 만나를 먹기 위하여 애굽에서 나온 것이 아니라 가나안까지 갈 힘을 얻기 위하여 만나를 먹었습니다.

이 떡이 그렇습니다. 떡을 먹음으로 해서 얻어진 그 힘으로 뭔가 다른 일을 해야 합니다. 떡을 먹는 것이 목적이 아니고 수단입니다.

"너희는 그것을 이렇게 먹을지니 허리에 띠를 띠고 발에 신을 신고 손에 지팡이를 잡고 급히 먹으라 이것이 여호와의 유월절이니라"(출 12:11)

출애굽 하기 직전에 유월절 음식을 먹는 자세를 보여주고 있는데, 음식을 먹는 자세가 느긋한 식사 자세가 아닙니다. 우선 허리에 띠를 띤다는 얘기는 비단 여기서만이 아니라 성경에 자주 나오는 표현인데, 이스라엘 사람들의 복장을 상상하면 쉽게 이해할 수 있습니다. 그들은 통으로 된 원피스를 입고 다녔습니다. 그렇기 때문에 무엇인가를 하려면 먼저 허리를 묶어야 했습니다. 그리고 발에는 신을 신고 손에는 지팡이를 잡고 음식을 먹었습니다. 본래 그들은 비스듬히 누워서 식사를 합니다. 그들의 전형적인 식사 자세에 비하면 상당히 예외적인 경우입니다. 왜냐하면 먹기만 하면 그것으로 끝나는 것이 아니라 일단 먹는 것이 다음 동작을 위한 예비 행위이기 때문입니다. 빨리 먹고 해야 할 일이 있습니다.

우리가 생명의 떡, 영의 양식을 먹는 이유가 이렇습니다. "나는 오늘 성경 몇 장 읽었다" "나는 성경 몇 독 했다" 하고 성경을 읽는 것이 목적이 아니라 거기에 기록된 말씀대로 살기 위해서 읽어야 합니다. 성경을 제대로 읽지도 않는 사람들에게 성경 말씀대로 살아야 한다는 얘기를 전하려니 저 스스로도 황당하기는 합니다만 알 것은 바로 알아야 합니다.

"요즘 어떻게 지내십니까?" 하는 질문에 "예, 열두 시간 밥 먹고 열두 시간 잡니다" 하고 대답하는 사람은 없습니다. 먹고 자는 것은 생활의 내용이 아니라 생활을 하기 위한 전제 조건입니다. 그런데 우리는 "신앙생활 어떻게 하십니까?" 하면 전부 다 "열두 시간 성경보고 열두 시간 기도합니다" 하고 대답하는 것이 센 것인 줄 압니다.

떡을 먹고 배부르면 되는 것이 아니라 떡을 먹고 해야 할 일이 있는 것처럼, 성경을 얼마 만큼 보고 성경에 있는 내용을 얼마 만큼 아느냐가 전부가 아니라 거기에 있는 내용이 얼마 만큼 몸에 배어있느냐를 따져야 합니다. 성경을 읽는 것도 그렇고 기도를 하는 것도 그렇습니다.

성경을 얼마 만큼 읽어야 되는고 하니 거기에서 나름대로의 원리를 찾을 수 있어야 합니다. 실제로 살아가면서 자기의 판단이나 행동에 대한 성경적인 근거를 제시할 수 있을 만큼 읽어야 합니다. 그렇게 해서 성경적인 원칙이 얼마 만큼 몸에 배어있느냐가 그 사람의 신앙 수준입니다. 그런데 우리는 신앙생활이라고는 고작해야 주일날 예배 안 빼먹는 것이 전부입니다. 그런 것은 신앙생활이라고 하는 것이 아니라 종교 행위라고 합니다. 성가대 봉사하고 주일학교 교사하는 것은 종교 유희입니다. 신앙생활이란 예배드릴 때의 마음으로 살아가는 것입니다. 예배하는 마음으로 직장생활을 하고 예배하는 마음으로 학교생활을 하는 것이 신앙입니다. 그런 수준이 되기 위해서 성경에 해박해야 하고, 그러기 위해서 성경 말씀을 주야로 묵상해야 합니다.

사람이 떡으로만 살 것이 아니라 하나님의 입으로 나오는 모든 말씀으로 살아야 한다고 예수님께서 분명히 말씀하셨습니다. 하나님 말씀에 감탄하거나 동의하는 것이 아니라 실제로 그렇게 살아야 합니다.

"상 위에 진설병을 두어 항상 내 앞에 있게 할지니라"(출 25:30)

떡이 항상 하나님 앞에 있어야 했습니다. 그러니까 이 떡은 생명의 떡이고 영의 양식이기만 한 것이 아니라 일단 우리 자신이 잘 익은 떡으로 하나님 앞에 봉헌되어져야 합니다. 여기에 대응되는 말씀이 호세아서에 있습니다.

"에브라임이 열방에 혼잡되니 저는 곧 뒤집지 않은 전병이로다"(호 7:8)

여기서 에브라임은 이스라엘을 지칭합니다. 이스라엘이 남왕국과 북왕국으로 분열되었을 때, 이스라엘 열두 지파 중 남왕국 유다에는 유다 지파와 베냐민 지파가 속해 있었고, 나머지 열 지파는 북왕국 이스라엘에 속하게 되었습니다. 그때 북왕국 열 지파 중에서 에브라임이 가장 큰 지파였습니다. 그래서 성경에서 에브라임이라는 말이 나오면 에브라임 지파를 얘기할 때도 있습니다만 이스라엘을 가리키는 경우도 많습니다.

전병을 뒤집지 않으면 어떻게 되겠습니까? 한 쪽은 시커멓게 타고 한 쪽은 밀가루 반죽 그대로입니다. 옛날 이스라엘의 신앙이 그랬다는 얘기입니다. 그리고 이 얘기가 성경에 기록된 이유는 우리 역시 그렇기 때문입니다.

우리의 신앙을 구성하고 있는 여러 요소가 있습니다. 물론 신앙의 내용은 하나님 사랑, 이웃 사랑이지만 하나님 사랑, 이웃 사랑은 가시적으로 나타나지 않습니다. 그래서 하나님을 사랑하고 이웃을 사랑하는 모습이 교회 예배에 참석하거나 또는 헌금, 봉사, 구제, 기도 등등으로 나타납니다. 이 모든 것이 골고루 잘 익은 떡처럼 하나님 앞에 봉헌되어져야 합니다. 그런데 실제로는 어느 한 쪽은 시커멓게 탔는데 다른 쪽은 설익은 경우가 다반사입니다. 그러면서 자기의 잘 익다 못하여 시커멓게 탄 쪽을 근거로 남의 설익은 모습을 구박하고, 또 자기의 탄 쪽으로 자기의 설익은 부분을 때우려고 합니다.

교회에서 봉사한답시고 예배까지 빼먹으면서 설쳐놓고는 자기가 예배를 빼먹었다는 자책이 있는 것이 아니라 오히려 예배드리고 있는 사람들에게, 바쁜데 나와보지도 않는다고 입을 삐죽거릴 수 있습니다. 아니면 십일조를 꼬박꼬박하고 있다는 사실을 근거로 노상 예배에 지각하는 자기의 게으름을 외면할 수도 있습니다. 이 모든 것이 뒤집지 않은 전병입니다. 모든 것이 골고루 익어야 합니다.

목사가 되려면 목사고시를 치러야 하고 목사고시를 치르려면 신학대학원을 졸업해야 합니다. 제가 작년(1996년) 봄에 목사고시를 치렀는데 지난 가을에 그 결과가 발표되었습니다. 신약주해, 구약주해, 논문, 설교, 성경, 교회사, 헌법, 요리문답, 신앙고백 아홉 과목을 통과해야 하는데, 제 친구 전도사 한 명이 낙방하였습니다. 그러면서 하는 얘기가 자기는 억울하다는 것이었습니다. 그 많은 과목 중에서 신약주해, 구약주해, 설교, 성경, 헌법, 교회사… 다 되고 논문 딱 하나 떨어졌는데 그 정도는 합격이라고 인정해 줘야지, 그걸 불합격이라고 하는 야박한 경우가 어디 있느냐는 항변이었습니다. 물론 그 친구의 얘기는 농담이었습니다. 하지만 우리의 신앙 현주소는 농담이 아니고 실제 상황입니다. 자기의 모자란 부분을 채우려는 노력은 없고, 자기한테 있는 것을 우려먹으면서 그것으로 모자란 것을 때우려고 합니다. 잘못된 것입니다. 자기 자신이 항상 잘 익은 떡으로 하나님 앞에 봉헌되어져야 합니다.

금촛대

출 25:31~40

너는 정금으로 등대를 쳐서 만들되 그 밑판과 줄기와 잔과 꽃받침과 꽃을 한 덩이로 연하게 하고 가지 여섯을 등대 곁에서 나오게 하되 그 세 가지는 이편으로 나오고 그 세 가지는 저편으로 나오게 하며 이편 가지에 살구꽃 형상의 잔 셋과 꽃받침과 꽃이 있게 하고 저편 가지에도 살구꽃 형상의 잔 셋과 꽃받침과 꽃이 있게 하여 등대에서 나온 여섯 가지를 같게 할지며 등대 줄기에는 살구꽃 형상의 잔 넷과 꽃받침과 꽃이 있게 하고 등대에서 나온 여섯 가지를 위하여 꽃받침이 있게 하되 두 가지 아래 한 꽃받침이 있어 줄기와 연하게 하며 또 두 가지 아래 한 꽃받침이 있어 줄기와 연하게 하며 또 두 가지 아래 한 꽃받침이 있어 줄기와 연하게 하고 그 꽃받침과 가지를 줄기와 연하게 하여 전부를 정금으로 쳐 만들고 등잔 일곱을 만들어 그 위에 두어 앞을 비추게 하며 그 불집게와 불똥 그릇도 정금으로 만들지니 등대와 이 모든 기구를 정금 한 달란트로 만들되 너는 삼가 이 산에서 네게 보인 식양대로 할지니라

금촛대

떡상을 마주 보고 있는 것이 금촛대입니다. 말로는 금촛대라고 하는데 실은 촛대가 아니고 등대입니다.

등대를 만드는 재료는 물론 정금입니다. 정금 한 달란트(34kg)로 촛대를 만드는데, 정금을 녹여서 촛대를 만드는 것이 아니라 쳐서 만듭니다. "나의 가는 길을 오직 그가 아시나니 그가 나를 단련하신 후에는 내가 정금같이 나오리라"(욥 23:10)는 말씀처럼 촛대 모양이 만들어질 때까지 계속 두들겨 패는 것입니다.

〈금촛대〉

우리가 예수님을 믿는 것이 그렇습니다. 한 번 모질게 마음먹으면 "쨘!" 하고 한꺼번에 거룩해지는 것이 아니라, 금덩어리가 망치에 얻어맞아서 촛대로 만들어지듯이 조금씩 조금씩 받은 고난으로 다듬어지는 것입니다. 정확히 망치로 몇 번 때려서 이런 작품을 만들었는지 모르겠습니다. 하지만 분명한 사실은 얻어맞는 횟수만큼 목적하는 모양에 가까워진다는 사실입니다.

만약에 금덩어리한테 생각이 있다면 아마 그럴 것입니다. 자기가 앞으로 얼마 만큼 맞아야 하고 또 언제까지 맞아야 하는지는 모릅니다. 아는 것은 딱 하나, 이제 이 고통이 끝나면 귀하게 쓰임 받는 성물이 될 것이라는 사실입니다.

우리가 열심히 기도했다고 해서 한꺼번에 거룩해지지 않습니다. "하나님! 나, 저 사람 사랑하게 해주십시오" 하고 간절히 기도하고 그 사람을 만났더니 그 사람이 사랑스러워지더라 하는 법은 없습니다. 물론 기도도 해야 합니다. 하지만 사랑하는 것은 실제로 연습해야 합니다. 꼴 보기 싫어도 안 그런 척, 가서 공손하게 인사하고 속으로 구역질나도 반가운 척 눈길도 건네고…. 이렇게 조금씩 연습하기를 그것이 자연스럽게 나타날 때까지 반복해야 합니다. 혼자서 40일 금식기도해서 어느 날 갑자기 거룩해지는 것이 아닙니다.

어렸을 때 구구단을 어떻게 외웠습니까? 2단부터 9단까지 한 번 쭉 째려보고 외웠습니까? 그렇게 외우는 사람은 아무도 없습니다. 완전히 외워질 때까지 반복해서 외웁니다. 제일 만만한 2단 외우고, 5단 외우고, 3단 외우고 하면서 7단이나 8단은 가장 늦게야 외워집니다. 외우다가 틀리면 다시 외우고, 외우다가 틀리면 다시 외우고 하면서 외우는 겁니다. 영어공부도 그렇습니다. 영어사전 펴놓고 a부터 z까지 한 번 읽어보는 것으로 영어공부가 끝나는 것이 아니라 잊어버리면 다시 외우고

잊어버리면 다시 외우고 하면서 공부하는 겁니다.

우리에게 있는 경건도 그렇습니다. 한꺼번에 되는 것이 아닙니다. 하나님께서 애초에 의도하신 모양으로 만들어지기까지 계속 얻어맞아야 합니다. 그런데 사람들은 이 성화 부분을 오해합니다. 열심히 하나님께 매달리면 저절로 경건해지는 줄 압니다. 물론 하나님께 매달리는 것은 맞습니다. 기도해야 하고, 말씀도 보아야 합니다. 하지만 아무리 그렇다고 해도 자기 몸으로 직접 자기가 연습하는 것을 빼먹으면 안됩니다.

허리가 29인치인 아가씨가 어느 날 살을 빼기로 마음먹었습니다. 하지만 아무리 모질게 마음먹었다고 해도 마음먹었다는 사실만으로 살이 빠지지는 않습니다. 다이어트 하기로 마음먹었더니 전에는 그렇게 맛있게 보이던 피자가 갑자기 보기 싫어지고, 아이스크림만 보면 구역질이 나고… 하는 법은 없습니다. 고픈 배를 물 한 컵으로 달래고 열심히 운동하는 것이 자기에게 주어진 몫입니다. 그것을 잘하면 잘할수록 살이 빠지는 것이고 그것을 못하면 뚱뚱한 몸매를 감수해야 합니다.

예수를 잘 믿는 것도 그렇습니다. 결심만으로 되는 것이 아닙니다. 실제로 예수를 잘 믿을 만한 꾸준한 노력이 있어야 합니다.

그 다음에 성소 지붕은 네 겹으로 덮개가 덮여 있고, 사방은 금으로 된 널판이었습니다. 창문이 없습니다. 건물로 치면 빵점 짜리 건물입니다. 하다못해 창고를 지어도 이렇게 짓는 법은 없습니다. 요컨대 성소 안으로는 이 세상 빛이 들어오면 안됩니다. 성소를 밝히는 것은 오직 금촛대 하나 뿐입니다.

우리가 그렇습니다. 우리가 신앙생활을 어떻게 해야 하는고 하니 성령의 조명으로 해야 합니다. 이 세상의 사고 판단이나 가치 기준이 들어오면 안됩니다. 자기 생각이나 자기 판단이 개입되어서는 안됩니다.

하나님은 이 세상에 대해서 숨겨져 있습니다. 구약시대로 표현하면 성소 안에 들어온 제사장들한테만 그 모습을 보이십니다. 요즘말로 하면 우리에게만 그 모습을 계시하십니다.

"에베소 교회의 사자에게 편지하기를 오른손에 일곱 별을 붙잡고 일곱 금촛대 사이에 다니시는 이가 가라사대"(계 2:1)

지금 이 말씀은 성막에 대한 사전 이해가 없으면 "일곱 금촛대 사이를 다닌다"는 것이 무슨 뜻인지 선뜻 이해가 되지 않는 말씀입니다. 그런데 이 말씀을 받는 에베소 교인들은 그렇지 않습니다. "일곱 금촛대" 그러면 그 말이 무슨 말인지 금방 알았을 것입니다.

이런 모습을 상상해 보십시다. 지금 우리가 공부하고 있는 곳이 성소입니다만 이것은 구약적인 의미입니다. "너희가 하나님의 성전인 것과 하나님의 성령이 너희 안에 거하시는 것을 알지 못하느뇨" 한 고전 3:16의 말씀처럼 지금은 우리 한 사람 한 사람이 성전입니다.

우리가 성전이면 우리 마음 한복판에는 일곱 금촛대 사이를 다니시는 이가 계십니다. 우리 마음 안에서 일곱 금촛대 사이를 다니시는 이가 에베소 교회에 대하여 계속 말씀하십니다.

"그러나 너를 책망할 것이 있나니 너의 처음 사랑을 버렸느니라 그러므로 어디서 떨어진 것을 생각하고 회개하여 처음 행위를 가지라 만일 그리하지 아니하고 회개치 아니하면 내가 네게 임하여 네 촛대를 그 자리에서 옮기리라"(계 2:4~5)

우리 마음 안에서 촛대를 옮기면 어떻게 되겠습니까? 성소 안을 비추는 유일한 빛이 촛대인데 이것을 옮겨버리면 말 그대로 암흑입니다.

에베소 교회에 보내는 편지가 바로 그 얘기를 하는 것입니다. 옛날 성소 내부를 비추던 유일한 빛인 금촛대 사이를 다니시는 주님이 우리 안에 계신데, 우리의 첫사랑을 잃어버리면 주님께서는 차라리 우리 안에 있는 촛대를 치워버리겠다는 말씀입니다. 물론 한 번 얻은 구원이 취소되는 법은 없습니다. 그러니까 우리의 신앙이 퇴보하는 것을 하나님께서 그토록이나 엄하게 경고하실 만큼 싫어하신다는 뜻입니다.

그런데 여기에 특이한 사실이 있습니다.

"너는 정금으로 등대를 쳐서 만들되 그 밑판과 줄기와 잔과 꽃받침과 꽃을 한 덩이로 연하게 하고"(출 25:31)

우리말 성경으로는 나타나지 않습니다만 원어로 보면 여기에 인칭대명사가 쓰였습니다. 굳이 우리말로 옮기면, "너는 정금으로 쳐서 등대를 만들되 그분의 밑판과 그분의 줄기와 그분의 잔과 그분의 꽃받침과 그분의 꽃을 한 덩이로 연하게 하고"라고 해야 합니다. 그럼 여기서 말하는 그분이 누구겠습니까? 당연히 예수님입니다. 그러니까 여기서 금촛대는 말 그대로 예수님을 상징하고 있습니다.

이 금촛대는 혼자서 빛을 내지 않습니다. 금촛대의 금이 타는 것이 아니라 거기에 있는 기름이 타서 빛을 냅니다. 성경 여러 곳에서 기름은 성령을 상징합니다.

그리스도가 무슨 뜻입니까? '기름부음을 받은 자' 라는 뜻입니다. 이 금촛대에서 말 그대로 그 모습을 볼 수 있습니다. 기름부음을 받아서 그 기름을 바탕으로 빛을 냅니다. 그리고 그 기름은 자기를 증거하는 것이 아니라 촛대를 증거합니다.

우리 예수님마저도 성령의 기름부음이 필요했습니다. 그러면 우리는 어떻겠습니까? 비유가 조금 유치합니다만, 우등생한테 열심히 공부하는 것이 중요하다면 열등생한테는 말할 나위가 없습니다. 죽도록 공부를 해야 합니다. 그러니 '우리의 소원은 통일'이 아니라 '우리의 소원은 성령 충만'이라야 합니다.

요한복음에 보면 예수님과 성령님의 관계가 설명되어 있습니다.

"내가 아버지께로서 너희에게 보낼 보혜사 곧 아버지께로서 나오시는 진리의 성령이 오실 때에 그가 나를 증거하실 것이요"(요 15:26)

성령이 예수님을 증거한다고 했습니다. 성령의 대표적인 사역이 예수님을 우리에게 알게 하는 것입니다. 성령이 아니고서는 누구든지 예수를 주라 고백할 수 없습니다(고전 12:3). 지금 금촛대가 바로 그렇습니다.

"너는 또 이스라엘 자손에게 명하여 감람으로 찧어 낸 순결한 기름을 등불을 위하여 네게로 가져오게 하고 끊이지 말고 등불을 켜되 아론과 그 아들들로 회막 안 증거궤 앞 휘장 밖에서 저녁부터 아침까지 항상 여호와 앞에 그 등불을 간검하게 하라 이는 이스라엘 자손의 대대로 영원한 규례니라"(출 27:20~21)

등불을 저녁부터 아침까지 항상 간검하라고 했습니다. 요즘 우리가 쓰는 말로 하면 검사하라는 뜻입니다. 왜 아침부터 저녁까지가 아니고 저녁부터 아침까지라고 했는가 하면, 이스라엘 사람들은 하루 시작이 저녁이라서 그렇습니다. 창세기에 보면 "저녁이 되며 아침이 되니 이는 첫째 날이니라, 저녁이 되며 아침이 되니 이는 둘째 날이니라" 하는 구절이 있습니다. 그러니까 저녁부터 아침까지 등불을 간검하라는 얘기는 하루종일 등불을 검사하라는 얘기입니다. 우리는 우리의 등불이 과연 여호와 앞에서 하루종일 켜져 있는지, 너는 세상의 빛이라 했는데 과연 그러한지 매일 확인해야 합니다.

또 이때 이 등불이 꺼지지 않게 하여 금촛대의 불빛이 항상 있게 하는 것이 이스라엘 자손 대대로 영원한 규례가 되었습니다. 구약의 이스라엘은 지금의 교회를 말합니다. 그럼 지금은 그 책임이 우리한테 있는 것입니다. 저녁부터 아침까지 항상 여호와 앞에서 우리 불빛이 있어야 합니다.

여기서 '여호와 앞에서' 라는 말이 참으로 중요합니다. 이 말이 우리의 판단 기준이라야 하기 때문입니다. 어떤 일을 할 적에 "이렇게 하면 남들이 뭐라고 할 것인가?"가 기준이 아니라 "하나님께서 뭐라고 하실 것인가?"가 기준이어야 한다는 뜻입니다. 세상 사람들이 세상을 살아가는 원칙이 그런 것입니다. 자기의 자존심이 중요하고 남들의 평판이 중요합니다. 다른 사람들에게 얕잡아 보이지 않아야 하고 무시당하지 않아야 합니다. 하지만 우리는 그렇지 않습니다. 하나님께서 어떤 것을 좋아하시고 어떤 것을 싫어하시는지 하는, 하나님의 원칙에 더 민감해야 합니다.

어거스틴이 한 얘기 중에, "하나님을 사랑하라. 그리고 맘대로 하라."는 말이 있습니다. 진짜로 하나님을 사랑한다는 기준에서 나온 행동이라면 나머지는 멋대로 해도 된다는 얘기입니다.

또 종교개혁자 칼빈의 좌우명도 'Coram Deo' (하나님 앞에서)였습니다. 무슨 일을 하든지 간에 "나는 지금 하나님 앞에서 이 일을 하고 있다"는 생각을 갖고 하겠다는 뜻입니다.

여자가 옷을 고를 때 어떤 기준으로 고릅니까? 가격, 색상, 디자인, 치수, 유행… 다 마음에 들어야 합니다만, 아무리 자기 마음에 들어도 옆에 있는 약혼자 마음에 안 들면 그것으로 "땡"입니다. 약혼자가 싫다는데 한사코 고집한다는 것은 말도 안됩니다. 대체 그 옷을 입고 누구에게 예쁘게 보이고 싶다는 뜻입니까?

'하나님 앞에서' 라는 말이 바로 그런 뜻입니다. 자기가 아무리 하고 싶어도 하나님이 "No!" 하면 안 되는 것이고, 자기가 아무리 싫어도 하나님이 "O.K!" 하면 해야 하는 것입니다.

"이 집에는 나보다 큰 이가 없으며 주인이 아무 것도 내게 금하지 아니하였어도 금한 것은 당신뿐이니 당신은 자기 아내임이라 그런즉 내가 어찌 이 큰 악을 행하여 하나님께 득죄하리이까" (창 39:9)

보디발 부인의 유혹을 받았을 때 요셉이 한 얘기입니다. 요셉과 보디발 부인 단둘이 있는 상황인데 보디발의 아내에게는 잘생긴 사내 요셉만 보였고, 요셉에게는 하나님의 눈길이 보였습니다. 유혹을 하는 사람과 유혹을 이기는 사람의 차이가 여기에 있습니다. 이처럼 우리는 매사에 "내가 지금 이 일을 하나님 앞에서 하고 있다"는 생각이 있어야 합니다.

그 다음에 금촛대의 위치를 보십시다. 금촛대는 떡상과 마주 보고 있습니다. 우리가 말씀을 받을 적에 항상 성령의 조명이 있어야 한다는 뜻입니다. 다른 빛은 안됩니다. 오직 금촛대에서 나오는 빛이어야 합니다. 성경 말씀을 깨닫게 해주는 것 또한 성령님의 사역입니다. 성령님이 가르쳐주시지 않으면 모릅니다. 떡상만이 아닙니다. 한 칸 더 나가면 그 내부에 있는 것 전부가 다 그렇습니다. 분향단, 널판, 천장에 있는 앙장, 거기에 수놓아진 그룹… 이 모든 것을 볼 수 있는 이유가 금촛대에서 빛이 비치고 있기 때문입니다. 우리가 하나님을 아는 지식이 그렇습니다. 우리가 하나님에 대해서 알려면 먼저 하나님께서 알게 해 주셔야 하는데, 이것이 성령님의 사역입니다.

특히 여기서 분향단은 기도를 나타내는 것인데, 결국 기도조차도 성령님의 도우심 없이는 못한다는 얘기입니다.

"그 불집게와 불똥 그릇도 정금으로 만들지니" (출 25:38)

또 이 금촛대에서는 항상 불똥을 제거해야 합니다. 자기 자신의 영성을 항상 확인하라는 뜻입니다. 불똥이 있으면 빛이 제대로 나지 않는 것처럼 우리의 영성도 역시 그렇습니다. 앞에서 물두멍에서도 비슷한 얘기가 있었는데, 여기서도 그렇습니다. 자기 자신을 돌아보는 일은 아직도 남아있습니다. 우리의 구원은 천국에 가야 완성됩니다. 그러니 그전에는 아무리 거룩한 사람이라고 해도 자기 자신을 돌아보고 성찰하는 일이 있어야 합니다.

분향단

출 30:1~10

너는 분향할 단을 만들지니 곧 조각목으로 만들되 장이 일 규빗, 광이 일 규빗으로 네모 반듯하게 하고 고는 이 규빗으로 하며 그 뿔을 그것과 연하게 하고 단 상면과 전후 좌우면과 뿔을 정금으로 싸고 주위에 금테를 두를지며 금테 아래 양편에 금고리 둘을 만들되 곧 그 양편에 만들지니 이는 단을 메는 채를 꿸 곳이며 그 채를 조각목으로 만들고 금으로 싸고 그 단을 증거궤 위 속죄소 맞은편 곧 증거궤 앞에 있는 장 밖에 두라 그 속죄소는 내가 너와 만날 곳이며 아론이 아침마다 그 위에 향기로운 향을 사르되 등불을 정리할 때에 사를지며 또 저녁 때 등불을 켤 때에 사를지니 이 향은 너희가 대대로 여호와 앞에 끊지 못할지며 너희는 그 위에 다른 향을 사르지 말며 번제나 소제를 드리지 말며 전제의 술을 붓지 말며 아론이 일년 일차씩 이 향단 뿔을 위하여 속죄하되 속죄제의 피로 일년 일차씩 대대로 속죄할지니라 이 단은 여호와께 지극히 거룩하니라

분향단

성소 정면에는 분향단이 있습니다. 분향단 바로 뒤에 휘장이 있어서 그 휘장으로 성소와 지성소가 구분되는데, 지성소에는 하나님의 임재를 나타내는 언약궤가 있습니다. 그러니 성소 내에 있는 기구 중에는 분향단이 언약궤와 가장 가까이에 있는 것입니다. 분향단은 우리의 기도를 나타내는데 결국 우리가 기도할 때 하나님과 가장 가까워진다는 뜻입니

〈분향단〉

다.

"어린 양이 나아와서 보좌에 앉으신 이의 오른손에서 책을 취하시니라 책을 취하시매 네 생물과 이십사 장로들이 어린 양 앞에 엎드려 각각 거문고와 향이 가득한 금대접을 가졌으니 이 향은 성도의 기도들이라" (계 5:7~8)

분향단은 기도를 나타냅니다. 그리고 그 좌우에 떡상과 금촛대가 있습니다. 말씀으로 힘을 얻고 성령의 조명을 받아서 기도를 해야 한다는 뜻입니다. 그런데 기도에는 우리가 주님의 이름으로 드리는 기도만 있는 것이 아닙니다. 우리를 위한 주님의 중보기도도 있습니다.

우리를 위해서 항상 중보기도를 하고 있는 두 인격이 있습니다.

"이와 같이 성령도 우리 연약함을 도우시나니 우리가 마땅히 빌 바를 알지 못하나 오직 성령이 말할 수 없는 탄식으로 우리를 위하여 친히 간구하시느니라" (롬 8:26)

"누가 정죄하리요 죽으실 뿐 아니라 다시 살아나신 이는 그리스도 예수시니 그는 하나님 우편에 계신 자요 우리를 위하여 간구하시는 자시니라" (롬 8:34)

바로 성령님과 예수님이십니다. 성령님과 예수님이 지금 이 시간에도 우리를 위하여 기도하고 계십니다.
아마 여러분 중에도 불신가정에서 자란 분이 계실 것입니다. 저도 그렇습니다. 저희 집에서 아무도 안 믿고 저만 신앙생활을 하고 있습니다. 고등학교 때 새벽예배에 갔다가 어떤 나이 드신 집사님의 기도 소리를 들었는데 그 기도가 어찌나 부러웠던지 지금도 그 내용을 기억합니다. 물론 그 기도의 처음부터 끝까지 다 기억한다는 말씀이 아니라 제 마음에 강렬하게 와 닿은 한 마디가 있었다는 뜻입니다. 바로 "우리 진성이를 하나님께 맡깁니다" 하는 말이었습니다. 그 기도가 그렇게 부러울 수가 없었습니다.

그리고는 상당한 시간이 지났습니다. 신학대학원에 진학해서도 그랬습니다. 주변의 모든 사람들이 전부 다 목사 아들이었고, 목사 아들이 아닌 사람들은 장로 아들이었습니다. 목사나 장로는 고사하고 불신가정에서 자란 사람은 적어도 제 주변에는 아무도 없었습니다. 동기들을 볼 때마다, "아! 저 전도사는 집에서 저 전도사를 위해서 기도하고 있겠구나" 생각하면 그렇게 부러울 수가 없었습니다. 물론 지금도 부럽습니다. 하지만 예수님이 나를 위해 기도하고 계시고 또 성령님이 나를 위해 기도하고 계시다는 사실을 깨닫고는 상당한 위로를 받았습니다.

"아론이 일년 일차씩 이 향단 뿔을 위하여 속죄하되 속죄제의 피로 일년 일차씩 대대로 속죄할지니라 이 단은 여호와께 지극히 거룩하니라"(출 30:10)

향단 뿔에 속죄제의 피를 바르라고 했습니다. 우리가 하나님께 드리는 기도도 그리스도의 속죄 사역과 연관되지 않으면 안됩니다. 어쩌면 예수를 믿지 않는 사람도 기도를 할 수는 있겠습니다만 그런 기도는 무효라는 뜻입니다.

얼마 전에 어떤 청년에게서 그런 얘기를 들었습니다. 자기 남자 친구는 교회도 안 다니는데 그래도 자기가 교회에 다니니까 자기를 위해서 기도는 한다면서, 기특하지 않느냐는 것이었습니다. 물론 기특한 일입니다. 어쩌면 그 일을 계기로 하나님을 만나게 될지도 모릅니다. 하지만 하나님을 만나기 전의 기도는 무효입니다. 하나님께서 듣지 않으십니다. 우리와 하나님은 부자지간입니다만 불신자들은 단지 창조주와 피조물의 관계밖에 없기 때문입니다.

성경에 보면 뿔은 능력을 나타냅니다. 번제단에도 뿔이 달렸고, 분향단에도 뿔이 달려 있는데 둘 다 능력을 상징합니다. 번제단의 뿔은 보혈의 능력, 분향단 뿔은 기도의 능력입니다. 번제단에서 속죄제물을 드린 다음에 그 피를 분향단의 뿔에 바르라고 했으니까, 하나님과 우리 사이가 연결되는 가장 중요한 단서인 기도도 그리스도의 희생을 근거로 하는 것입니다.

여기에 정면으로 배치되는 사건이 나답과 아비후가 다른 불로 분향하다가 죽은 사건입니다.

"아론의 아들 나답과 아비후가 각기 향로를 가져다가 여호와의 명하시지 않은 다른 불을 담아 여호와 앞에 분향하였더니 불이 여호와 앞에서 나와 그들을 삼키매 그들이 여호와 앞에서 죽은지라"(레 10:1~2)

분향단의 불은 번제단의 불을 써야 했습니다. 그런데 나답과 아비후가 다른 불로 분향하였다가 죽었다는 얘기입니다.

우리를 향한 하나님의 구속 사역에는 하나님께서 허락하신 하나님의 은혜가 아니면 안됩니다. 다른 행위가 들어가는 것을 절대 용납하지 않으십니다.

앞에서 울타리를 공부할 때도 다른 데로 넘어가면 절도 아니면 강도라고 했습니다. 자기 생각에는 다른 데로 넘어가도 될 것 같은데 하나님 보시기에는 절도 아니면 강도라는 것입니다. 그러면 둘 중에 누구 생각이 옳은지는 뻔한 것입니다.

분향단 앞에 서기 위해서는 먼저 번제단을 통과해야 했습니다. 번제단은 우리를 위해서 돌아가신 그리스도의 대속사역을 의미합니다. 그러면 분향단은 아직도 우리를 위해서 중보기도를 하시는 그리스도입니다.

제사장들의 의무 가운데 하나가 이 분향단의 불을 꺼트리지 않아야 하는 것이었습니다. 옛날 제사장들의 의무였다는 얘기는 지금 우리의 의무라는 뜻입니다. 분향단의 불을 꺼트리지 않아야 하는 것이 바로 우리의 의무입니다.

여러분이 그토록이나 기도하고 있지 않으면서도 이만큼 건재한 이유가 혹시 여러분 모르게 다른 어떤 사람이 여러분을 위해서 기도하고 있기 때문이라는 생각을 해보시지 않으셨습니까? 아니면 혹시 여러분이 어떤 사람을 위해서 중보기도를 하고 있으면, 여러분이 하고 있는 그 중보기도가 그 사람과 하나님의 관계를 맺어주는 유일한 끈일 것이라는 생각은 해보지 않으셨습니까? 만약에 여러분이 누군가를 위해서 중보기도를 하고 있는데 그 기도가 하나님과 그 사람의 관계를 맺어주는 유일한 끈이면, 그 기도는 잠시라도 쉬면 안 됩니다. 또 여러분이 그토록이나 기도하고 있지 않으면서도 건재하다면 그것은 자기가 잘난 것이 아니라 누군가의 중보기도 덕분입니다. 이 사실을 안다면 지금보다 더 겸손해져야 할 것입니다.

"나는 너희를 위하여 기도하기를 쉬는 죄를 여호와 앞에 결단코 범치 아니하고 선하고 의로운 도로 너희를 가르칠 것인즉"(삼상 12:23)

여기에 보면 "기도하기를 쉬는 죄"라는 말이 나옵니다. 이 구절에 대한 저의 생각은 세 번 바뀌었습니다. 맨 처음에 성경에 대한 이해가 거의 없을 때에는, "야! 사무엘쯤 되는 사람은 기도를 쉬는 것도 죄라고 하는구나" 하고 생각했습니다. 그러다가 성경 말씀은 지금 나에게 주시는 말씀이라는 사실을 깨닫고는, "기도하기를 쉬는 것은 죄로구나" 하는 것으로 생각이 바뀌었습니다. 그런데 본문을 자세히 보면 그렇지도 않습니다. "너희를 위하여 기도하기를 쉬는 죄"라고 했습니다. 자기를 위한 기도가 아니라 남을 위한 기도입니다. 결국 남의 필요를 위해서 기도하지 않는 것도 죄라는 얘기입니다.

기도를 열심히 한다는 분들의 기도를 들어보면 대부분 그렇습니다. 남편 돈 잘 벌어오게 해주고, 자식 공부 잘하게 해주고, 가족들 모두 건강하게 해달라는 것 말고는 다른 기도 제목이 없습니다. 맨날 "주시옵소서"만 하는데도 옆에서는 기도 열심히 한다고 칭찬하기도 하고 부러워하기도 합니다. 하지만 우리의 기도가 그 정도 수준에 머물러서는 안 됩니다.

성막은 그 자체가 이동이 가능하게 되어 있습니다. 번제단도 그렇고 물두멍도 그렇고 지금 보는 분향단도 그렇습니다. 분향단이 이동이 가능하다는 얘기는 우리의 삶의 어떤 영역이든지 기도가 필요 없는 곳은 없다는 뜻입니다. 모든 곳에서 항상 있어야 합니다.

분향단에서 뒤를 돌아보면 무엇이 보여야 하겠습니까? 일단 금촛대와 떡상이 보여야 합니다. 그리고 물두멍과 번제단도 보여야 합니다. 우리의 기도에는 이 모든 것이 용해되어 있어야 합니다. 이 모든 것이 다 어우러진 것이 기도입니다.

번제단에서 구원 받은 감사도 있어야 하고, 물두멍에서 날마다 날마다 자기 자신을 성찰시키는 성화된 삶을 위한 간구도 있어야 하고, 떡상에서는 말씀으로 힘을 얻어야 하고 금촛대에서는 성령의 조명 안에서 기도할 때 그 사람은 하나님과 가장 가까운 곳에 있게 됩니다.

　사족이 되겠습니다만 말이 나온 김에 당부드립니다. 기도 시간에 제발 눈 좀 뜨지 마십시오. 물론 눈을 뜨고 기도한다고 해서 기도가 안 되는 것은 아닙니다. 성화에 보면 예수님도 눈을 뜨고 기도하셨습니다. 하지만 우리나라에서는 눈을 감고 기도하는 것이 통념입니다. 그리고 제가 기도할 때 눈을 감으라는 얘기는 기도할 때 눈을 뜨는 이유가 마음에 들지 않아서 그렇습니다. 주로 헌금을 챙기느라 눈을 많이 뜹니다. 다른 사람들이 모두 기도하는 시간에 헌금을 챙긴다는 것은 분명히 잘못입니다. 그런데 헌금 봉투를 챙기는 사람은 자기도 예배행위를 하고 있는 줄 알고, 자기가 잘못을 범하고 있다는 사실을 모르고 떳떳하게 헌금을 챙깁니다. 대체 예배를 얼마 만큼 경홀하게 준비했기에 헌금도 미리 챙기지 않았다는 것입니까? 예배는 몸만 예배당 안에 앉아 있으면 되는 것이 아닙니다. 준비된 마음으로 드려야 합니다. 그런데 예배를 준비하지 않고 허겁지겁 교회 나오다보니 헌금 봉투를 챙기지 않았고, 그래서 남들 다 기도할 때 혼자서 눈뜨고 딴 짓을 하는 것입니다. 분명히 잘못입니다.

휘장

출 26:31~33

너는 청색 자색 홍색실과 가늘게 꼰 베실로 짜서 장을 만들고 그 위에 그룹들을 공교히 수놓아서 금 갈고리로 네 기둥 위에 드리우되 그 네 기둥을 조각목으로 만들고 금으로 싸서 네 은받침 위에 둘지며 그 장을 갈고리 아래 드리운 후에 증거궤를 그 장 안에 들여놓으라 그 장이 너희를 위하여 성소와 지성소를 구별하리라

휘장

이렇게 해서 성소 안에 있는 세 가지 기구를 살펴보았습니다. 분향단 뒤에는 휘장이 드리워져 있는데, 이 휘장이 성소와 지성소를 구분합니다.

성경을 해석하는 가장 중요한 원리는 성경으로 하여금 성경을 해석하게 하는 것입니다. 어떤 말씀이 있으면 "성경 다른 부분에서는 그 말씀에 대해서 어떻게 얘기하고 있는가?" 하는 것을 살펴보는 것입니다. 앞에서 출입문을 공부할 적에, "내가 문이니 누구든지 나로 말미암아 들어가면 구원을 얻고 또는 들어가며 나오며 꼴을 얻으리라" 하는 구절에서 확인했습니다. 성막의 출입문이 바로 예수님이었습니다. 그런데 이 휘장도 예수님을 상징하고 있습니다.

"그러므로 형제들아 우리가 예수의 피를 힘입어 성소에 들어갈 담력을 얻었나니 그 길은 우리를 위하여 휘장 가운데로 열어 놓으신 새롭고 산 길이요 휘장은 곧 저의 육체니라"(히 10:19~20)

답은 나와 있습니다. 휘장이 바로 예수님의 육체입니다. 예수님의 육체를 상징하는 휘장이 하나님의 임재를 나타내는 언약궤를 가리고 있습니다. 그 안으로는 아무나 들어갈 수 없습니다. 제사장도 못 들어갑니다. 대제사장만 대속죄일(7월 10일)에 일년에 한 번 들어갈 수 있을 뿐입니다. 함부로 지성소에 들어가면 죽습니다. 일반인은 말할 것도 없고 대제사장도 속죄일이 아닌 다른 날에는 들어갈 수 없습니다.

성경에 보면 사람이 하나님을 보면 죽는다는 말이 여러 차례 나옵니다. 얼핏 이해가 되지 않는 말씀입니다. 마치 하나님이 엄청나게 무게를 잡는 분인 것 같은 오해를 할 수도 있을 법하기 때문입니다. 우리 하나님은 분명히 우리를 사랑하시는 분입니다. 그런데 하나님을 보면 죽는다고 합니다. 무슨 뜻인고 하니 죄인은 하나님을 볼 수 없다는 뜻입니다. 죄인인 채로 하나님을 만나지 말고 죄를 씻고 나서 만나라는 뜻인데, 죄를 씻는 방법은 번제단을 통과하는 방법이었습니다. 그리스도의 십자가를 의지하는 방법이었습니다.

난롯가에 철망이 쳐있는 경우가 있습니다. 난롯가에 철망을 치는 이유는 난로를 보호하기 위해서가 아니라 사람을 보호하기 위해서입니다. 우리가 하나님을 보면 죽는다는 얘기도 그렇습니다. 하나님의 권위를 극대화하는 얘기가 아니고 우리를 보호하기 위한 얘기입니다. 아직 죄를 씻지 못했기 때문에 죄를 씻을 때까지 휘장으로 가려있어야 합니다. 아직은 휘장을 벗기면 안됩니다.

성경은 분명하게 우리에게 말씀하고 있습니다. "…그 장이 너희를 위하여 성소와 지성소를 구별하리라"(출 26:33)

휘장이 드리워져서 그 안을 들여다보지 못하게 한 것은 하나님의 위엄을 높이기 위한 것이 아니라 우리를 위한 것입니다.

사람들의 생각은 항상 삐딱합니다. 본성상 죄인이기 때문에 그 논리가 중립적이지 못하고 언제나 하나님 반대쪽입니다. 그 중의 하나가 "만일 정말로 하나님이 계시다면 그 분은 그렇게나 사랑이 많으신 분이라는데 죄인도 다 용서해줘야지 왜 지옥을 만들었느냐" 하는 것입니다. "하나님은 사랑이 많은 분이다"라는 명제와 "지옥의 존재"를 어떻게 조화할 수 있겠습니까? 그토록이나 사랑이 많으신 분이 왜 지옥을 만들었는지가 문제가 아니라, 그토록이나 우리를 사랑하심에도 불구하고 지옥 형벌을 받아야 할만큼 우리의 죄가 악랄한 것입니다. 그런데 본성상 하나님과 반대쪽이다 보니 우리에게 책임이 있는 줄은 모르고 그 책임을 하나님에게로 미루고 싶은 것입니다.

우리가 하나님에 대해서 얼마나 무지하고 무관심한지 극단적인 예를 들어보겠습니다.

"아담이 셋을 낳은 후 팔백 년을 지내며 자녀를 낳았으며 그가 구백 삼십 세를 향수하고 죽었더라 셋은 일백오 세에 에노스를 낳았고 에노스를 낳은 후 팔백칠 년을 지내며 자녀를 낳았으며 그가 구백십이 세를 향수하고 죽었더라 에노스는 구십 세에 게난을 낳았고 게난을 낳은 후 팔백십오 년을 지내며 자녀를 낳았으며 그가 구백 오세를 향수하고 죽었더라 게난은 칠십 세에 마할랄렐을 낳았고 마할랄렐을 낳은 후 팔백 사십 년을 지내며 자녀를 낳았으며 그가 구백십 세를 향수하고 죽었더라 마할랄렐은 육십오 세에 야렛을 낳았고 야렛을 낳은 후 팔백삼십 년을 지내며 자녀를 낳았으며 그가 팔백구십오 세를 향수하고 죽었더라 야렛은 일백육십이 세에 에녹을 낳았고 에녹을 낳은 후 팔백 년을 지내며 자녀를 낳았으며 그가 구백육십이 세를 향수하고 죽었더라 에녹은 육십오 세에 므두셀라를 낳았고 므두셀라를 낳은 후 삼백 년을 하나님과 동행하며 자녀를 낳았으며 그가 삼백육십오 세를 향수하였더라 에녹이 하나님과 동행하더니 하나님이 그를 데려가시므로 세상에 있지 아니하였더라 므두셀라는 일백팔십칠 세에 라멕을 낳았고 라멕을 낳은 후

칠백팔십이 년을 지내며 자녀를 낳았으며 그는 구백육십구 세를 향수하고 죽었더라"(창 5:4~27)

성경에서 이 부분을 읽으면 어떤 생각이 드십니까? "야! 옛날 사람들은 정말 오래 살았구나. 대체 어떻게 해서 이렇게 오래 살 수 있었을까?" 하는 생각이 들지 않으십니까? 그러면 성경에 이런 내용이 기록된 이유는 무엇이겠습니까? 성경은 그렇게 한가한 책이 아닙니다. 옛날 사람들은 적어도 구백 년 이상 살았었다는 사실이 지금 우리하고 무슨 관계가 있겠습니까? 오래 살았다는 사실을 알려주려고 기록된 것이 아니라 아무리 오래 살았어도 인간은 결국 죽을 수밖에 없는 존재라는 사실을 알려주려고 기록된 것입니다. 그런데 우리는 언제나 하나님의 의도와는 무관하게 생각합니다. "와! 오래 살았다." "정말 좋았겠다."라고만 생각하고, 하나님께서 우리에게 알려 주시고자 하시는 뜻에 대해서는 무관심합니다.

휘장을 젖히고 언약궤에 다가가려면 대제사장이 일년에 한 번 대속죄일에 속죄피를 가지고 가야 합니다. 속죄피를 가지고 가서 언약궤 위의 시은좌에 뿌리는 것입니다.
이 내용을 지금 우리에게 옮기면 그리스도의 대속사역으로 용서함을 받은 사람만 그리스도의 피에 힘입어 하나님 앞에 나아갈 수 있는 것입니다. 아닌게아니라 이 휘장은 십자가에서 예수님이 돌아가실 적에 위에서 아래로 찢어졌다는 얘기가 복음서에 기록되어 있습니다(마 27:50~51).
전해오는 얘기로 이 휘장의 폭은 약 10cm였다고 합니다. 양쪽에서 소가 잡아당겨도 찢어지지 않을 정도로 강했다고 합니다. 그렇게 튼튼

한 휘장이었는데 예수님이 돌아가실 때 찢어졌습니다. 전에는 휘장으로 인해서 성소와 지성소가 분리되어 있었고 아무나 들어갈 수 없었습니다. 그런데 이제는 그렇지 않습니다. 하나님의 임재가 공개되었습니다. 죄인이 죄인인 상태로 하나님을 볼 수 있게 되었습니다. 자기 죄에도 불구하고 하나님을 만날 수 있게 되었습니다. 말 그대로 복음입니다.

사실인지 아닌지는 모르겠습니다만 휘장이 찢어진 다음에 당시의 제사장들이 그것을 도로 꿰매려고 난리법석을 부렸었다고 합니다. 그런데 아무리 해도 꿰매어지지가 않았습니다. 전해오는 얘기니까 그 내용의 신빙성은 의심스럽습니다만 그와 비슷한 시도는 아직도 있습니다. 하나님이 정해 놓으신 방법 말고 자기 나름대로의 방법으로 구원을 얻어보려는 시도는 인류 역사 이래에 항상 있어 왔고 앞으로도 있을 것입니다. 게다가 문제는 하나님이 정하신 방법 말고 사람이 구상한 방법이 훨씬 논리적이고 설득력이 있다는 사실입니다.

이단하고 얘기해보면 그런 것을 느낄 수 있습니다. 진리를 소유하고 있는 우리는 어딘지 모르게 논리가 부족하고 마귀 새끼인 저들의 말이 훨씬 더 논리가 정연합니다. 안타깝지만 현실이 그렇습니다. 또 그럴 수밖에 없습니다. 왜냐하면 우리가 속한 진리는 하늘에 속한 것인 반면에 이단들은 사람이 만든 것이기 때문입니다. 사람이 듣기에 사람이 만든 것이 훨씬 더 신빙성 있게 들리는 것은 당연한 일입니다.

"의인을 위하여 죽는 자가 쉽지 않고 선인을 위하여 용감히 죽는 자가 혹 있거니와 우리가 아직 죄인 되었을 때에 그리스도께서 우리를 위하여 죽으심으로 하나님께서 우리에게 대한 자기의 사랑을 확증하셨느니라"(롬 5:7~8)

자기 자신보다 더 귀한 사람은 없습니다. 그러니 사람이 다른 사람을 위하여 죽는 경우는 거의 없습니다. 혹시 있다면 자기 자식을 위하여서 대신 죽을 수는 있을 것입니다. 그러면 누구를 위해서 자기 자식을 죽일 수 있겠습니까? 세상에서 가장 귀한 자기 자신조차도 자식을 위해서 죽을 수 있을 정도로 자식을 사랑하는데, 남을 위해서 자식을 죽인다는 것은 말도 안됩니다. 그런데 하나님께서 그런 말도 안 되는 일을 하셨다는 것이 기독교 교리의 기초입니다. 그것도 우리가 하나님 마음에 쏙 드는 일을 했더니 하나님께서 우리를 어여삐 여기셔서 과감하게 그 아들을 죽이신 것이 아니라 하나님과 철천지 원수지간인 죄 속에 있을 때 그렇게 하셨다는 것입니다. 도무지 말도 안 되는 얘기입니다. 세상에 누가 죄인을 위해서 자기 아들을 죽이겠습니까? 이런 말도 안 되는 내용을 근간으로 하는 것이 우리 기독교입니다. 논리적으로 타당하지 않습니다. 오히려 사람 귀에 솔깃하게 적당히 각색한 이단들의 얘기가 훨씬 더 설득력 있게 들리는 것은 당연한 귀결입니다.

이단과의 토론은 백해무익합니다. 공연히 말이 막히면 마치 기독교의 가치가 떨어진 것 같고 어쩌다 토론에서 이긴다고 해도 토론으로 예수를 영접시킬 수는 없습니다.

우리 주변에서 가장 흔하게 접할 수 있는 이단이 여호와의 증인일 텐데, 여호와의 증인을 예로 들어 말씀드리겠습니다. 그 사람들이 왜 여호와의 증인이 되었겠습니까? 기독교의 교리와 여호와의 증인에서 얘기하는 저들의 교리를 냉정하게 저울질해서 여호와의 증인을 택한 것이 아닙니다. 일단 믿고 보니까 자기가 신봉하는 집단이 여호와의 증인이었습니다. 먼저 여호와의 증인이 된 다음에 나중에 그들의 교리로 무장한 것입니다. 그러니 무장된 교리를 벗겨봐야 여전히 여호와의 증인입니다. 이것은 논리의 문제가 아닙니다.

아담과 하와가 범죄했을 때 하나님께서 어떻게 하셨습니까?

"아담아, 네가 어찌하여 그랬느냐?"

"하나님이 내게 주셔서 나와 함께 한 여자가 내게 줬습니다. 그래서 먹었습니다."

"여자야, 네가 어찌하여 그랬느냐?"

"뱀이 주어서 먹었습니다."

그런데 그 다음에, "뱀아, 어찌하여 그랬느냐?"는 질문은 없습니다. 뱀에게는 변명할 기회를 주지 않았습니다. "네가 이렇게 하였으니 네가 모든 육축과 들의 모든 짐승보다 더욱 저주를 받아 배로 다니고 종신토록 흙을 먹을지니라" 하는 저주 뿐이었습니다.

복음서에서도 같은 경우를 볼 수 있습니다. 예수님께서 귀신을 쫓아내신 적은 참 많습니다만 귀신에게 발언권을 주신 적은 없습니다. "잠잠하고 그 사람에게서 나오라"가 전부였습니다.

"우리가 기도하는 곳에 가다가 점하는 귀신 들린 여종 하나를 만나니 점으로 그 주인들을 크게 이하게 하는 자라 바울과 우리를 좇아와서 소리 질러 가로되 이 사람들은 지극히 높은 하나님의 종으로 구원의 길을 너희에게 전하는 자라 하며 이같이 여러 날을 하는지라 바울이 심히 괴로와하여 돌이켜 그 귀신에게 이르되 예수 그리스도의 이름으로 내가 네게 명하노니 그에게서 나오라 하니 귀신이 즉시 나오니라" (행 16:16~18)

빌립보 성에서 있었던 바울의 행적입니다. 바울 일행을 본 귀신 들린 사람이 바울 일행을 가리켜서 "이 사람들은 지극히 높은 하나님의 종으로 구원의 길을 너희에게 전하는 자라"고 소리 질렀습니다. 귀신 들린 사람의 얘기입니다만 그 진위 여부만 따진다면 맞는 내용입니다. 그런데도 바울은 "그래, 네가 귀신은 들렸다만 그래도 사람 보는 눈은 있구나" 하고 그 말을 인정해 준 것이 아니라 "예수 그리스도의 이름으로 내가 네게 명하노니 그에게서 나오라" 하는 추상같은 질책이었습니다.

가끔 저들은 우리와 어떻게 다른지 알아보기 위해서 한 번 얘기해보고 싶다는 사람이 있습니다. 상당히 위험한 발상입니다. 요컨대 그 얘기의 내용이나 논리가 문제가 아니라 그 얘기를 하는 주체가 문제입니다. 이단이나 무신론자와는 논박할 필요가 없습니다. 그들의 말이 훨씬 더 매끄럽습니다. 그러니까 혹시 얘기를 하다가, 저들의 말은 매끄러운데 자기는 자꾸 논리의 부족을 느끼면 "아하, 역시 내가 진짜로구나" 하고 돌아서면 될 것입니다. 우리가 얻은 구원은 이성이나 지성의 영역에 해당하는 것이 아니기 때문입니다.

"형제들아 내가 너희에게 나아가 하나님의 증거를 전할 때에 말과 지혜의 아름다운 것으로 아니하였나니"(고전 2:1)

바울이 고린도 교회에 보낸 편지의 내용입니다. 하나님의 증거를 전하면서 말과 지혜의 아름다운 것으로 하지 않았다고 했습니다. 요즘말로 하면 수사학적인 언변이나 논리적인 설득력을 동원한 것이 아니었다는 얘기입니다. 사람들은 '전도'를 설득의 개념으로 생각하는데, 그렇지 않습니다. 말을 잘하는 사람이 가서 전하면 안 믿을 사람도 예수를 믿고, 어눌한 사람이 전하면 믿을 사람도 안 믿고 하는 일은 없습니다. "예수 천당, 불신 지옥"입니다. 이 말에 대해서 "아멘"이 되면 구원 얻은 영혼이고, "아멘"이 안 되는 사람은 아닌 것입니다.

죄인의 구원을 위해서 아들을 죽인 말도 안 되는 사건이 예수님의 십자가입니다. 예수님께서 십자가에서 돌아가실 때 휘장이 찢어졌는데, 그 내용이 히브리서에는 이렇게 기록되어 있습니다.

"그러므로 우리가 긍휼하심을 받고 때를 따라 돕는 은혜를 얻기 위하여 은혜의 보좌 앞에 담대히 나아갈 것이니라"(히 4:16)

예수님께서 우리를 위해 돌아가셨습니다. 그러면 이제 우리가 해야 할 일은 때를 따라 돕는 은혜를 얻기 위하여 은혜의 보좌 앞에 담대히 나아가는 일입니다. 언약궤를 가렸던 휘장이 없어졌으니까 담대하게 언약궤까지 나아가면 됩니다.

죄가 있으면 있을수록 담대하게 나아가야 합니다. 그런데 사람들은 이상하게 죄가 있으면 안으로 숨으려고 합니다. 잠자리에 들기 전에는 항상 기도를 하고 자던 어떤 사람이 저녁에 회식 자리에서 직장 상사가 권하는 바람에 맥주 한 잔을 마셨습니다. 그러면 그런 날은 기도하기가 싫어지는 법입니다.

"야! 이렇게 더러운 몸으로 어떻게 목욕을 가나? 좀 씻은 다음에 깨끗해지면 가야지" "이렇게 피가 철철 나는데 어떻게 병원에 가나? 대충 꿰맨 다음에 상처가 아물면 가야지" 이런 법은 없습니다. 그런데 이상하게 하나님에 대해서는 항상 거꾸로 반응합니다. 죄가 있으면 그나마 하던 기도를 안 하는 것이 아니라 기도시간을 두 배로 늘려야 합니다. 은혜의 보좌 앞에 더욱 담대히 나아가야 합니다. 뻔뻔스럽게 나아가야 하고 배짱 좋게 나아가야 합니다. 그것이 하나님께서 원하시는 것입니다.

엄마한테 야단 맞았다고 자기 방에 들어가서 문 꼭 닫고 나오지도 않는 애하고, 아무리 야단 맞아도 야단 맞은 것은 야단 맞은 것이고 끼니 때가 되면 배고프다고 밥 달라고 보채는 애하고 어느 쪽이 더 예쁘겠습니까? 아무리 야단을 맞았어도 밥은 먹어야 합니다.

실제로 그런 애들을 본 적이 있습니다. 교회 몇 번 빠졌더니 미안해서 교회를 못 나가겠다는 것입니다. 진짜로 미안하면 다음 주에 지각 안하고 일찍 나오면 되는데 그걸 모르고 오히려 교회에서 발을 끊을 궁리를 하고 있으니 참으로 답답한 노릇입니다.

왜 우리가 담대하게 은혜의 보좌 앞에 나아가야 하겠습니까? 본문에서 그에 대한 힌트를 찾을 수 있습니다.

"그러므로 우리가 긍휼하심을 받고 때를 따라 돕는 은혜를 얻기 위하여 은혜의 보좌 앞에 담대히 나아갈 것이니라"(히 4:16)

맨 앞에 "그러므로"라는 단어가 나왔습니다. "그러므로"는 인과관계를 나타내는 접속부사입니다. 그러면 담대하게 은혜의 보좌 앞에 나아가야 하는 이유가 그 앞에 설명되어 있을 것입니다. 그 앞에 히브리서 4장 15절을 보면 이렇게 됩니다.

"우리에게 있는 대제사장은 우리 연약함을 체휼하지 아니하는 자가 아니요 모든 일에 우리와 한결같이 시험을 받은 자로되 죄는 없으시니라"(히 4:15)

우리에게 있는 대제사장은 물론 예수님입니다. 예수님은 우리의 연약함을 체휼하지 않는 자가 아닙니다. 우리가 연약한 것을 다 아십니다. 그런데 왜 맨날 "아닌 척" 내숭 떨고 있느냐는 것입니다. 잘못했으면 빨리 자수해서 광명을 찾아야지 꼼지락거릴 틈이 없습니다.

골목에서 놀다가 남의 집 유리창을 깨뜨렸으면 빨리 집에 와서 돈 달라고 해야 합니다. 다른 수가 없습니다. 어느 세월에 초등학교 졸업하고, 중학교 졸업하고, 고등학교 졸업하고, 취직해서 돈 벌어서 갚겠습니까? 애가 놀다가 유리창을 깨뜨리면 부모가 물어주는 법입니다. 알밤 한 대는 맞을는지 모르겠습니다만, 다른 사람한테 얘기하면서는 "우리 애는 참 씩씩하다"고 칭찬할 것입니다.

은혜의 보좌 앞에 담대하게 나아가라는 얘기가 바로 이 얘기입니다. 이것을 할 수 있도록 휘장이 찢어졌습니다. 휘장인 우리 주님의 육체가 찢어졌습니다. 이 휘장이 찢어진 순간부터 우리에게도 하나님을 만날 수 있는 길이 열린 것입니다. 참으로 복음입니다.

언약궤

출 25:10~22

그들은 조각목으로 궤를 짓되 장이 이 규빗 반, 광이 일 규빗 반, 고가 일 규빗 반이 되게 하고 너는 정금으로 그것을 싸되 그 안팎을 싸고 윗가로 돌아가며 금테를 두르고 금고리 넷을 부어 만들고 그 네 발에 달되 이편에 두 고리요 저편에 두 고리며 조각목으로 채를 만들고 금으로 싸고 그 채를 궤 양편 고리에 꿰어서 궤를 메게 하며 채를 궤의 고리에 꿴 대로 두고 빼어 내지 말지며 내가 네게 줄 증거판을 궤 속에 둘지며 정금으로 속죄소를 만들되 장이 이 규빗 반, 광이 일 규빗 반이 되게 하고 금으로 그룹 둘을 속죄소 두 끝에 쳐서 만들되 한 그룹은 이 끝에, 한 그룹은 저 끝에 곧 속죄소 두 끝에 속죄소와 한 덩이로 연하게 할지며 그룹들은 그 날개를 높이 펴서 그 날개로 속죄소를 덮으며 그 얼굴을 서로 대하여 속죄소를 향하게 하고 속죄소를 궤 위에 얹고 내가 네게 줄 증거판을 궤 속에 넣으라 거기서 내가 너와 만나고 속죄소 위 곧 증거궤 위에 있는 두 그룹 사이에서 내가 이스라엘 자손을 위하여 네게 명할 모든 일을 네게 이르리라

언약궤

본문에 보면 "거기서 내가 너와 만나고…"(출 25:22)라는 말이 나옵니다. 여기가 속죄소(죄를 씻는 장소)입니다. 다른 말로는 시은좌(은혜를 베푸는 자리)라고도 합니다. 흔히 기도하면서, "하나님! 감사합니다. 이 시간도 저희들 이렇게 은혜의 보좌 앞에 불러주옵시고…" 할 때, 은혜의 보좌가 바로 이 시은좌입니다.

〈언약궤〉

하나님이 모세에게 장막을 짓게 하면서 언약궤를 만들게 했습니다. 그리고 특별히 그 언약궤를 덮는 속죄소에서 모세를 만나겠다고 했습니다.

우리 기독교가 다른 종교와 다른 점이 바로 이런 것입니다. 다른 종교에서는 사람들이 열심히 노력해서 신을 찾아가려고 합니다. 자기가 거룩해지려고 하고, 자기가 도를 닦으려고 합니다. 그런데 우리는 그렇지 않습니다. 우리가 하나님을 찾아가는 것이 아니고 하나님이 먼저 우리를 찾아오십니다. 이 속죄소가 바로 그런 장소입니다. "거기서 내가 너와 만나고" 했으니까, 하나님이 우리를 만나주시는 장소입니다. 우리가 하나님을 알현하려고 면회를 신청하는 장소가 아니고 하나님이 우리를 기다리시는 장소입니다.

누가복음에 나오는 삭개오의 경우가 그렇습니다. 삭개오의 생각에는 자기가 뽕나무 위에 올라가서 예수님을 기다렸는지 모르겠습니다. 하지만 거기까지 찾아오신 것은 예수님이었습니다. 누가복음 19장을 아무리 읽어도 삭개오가 예수님을 부르는 얘기는 없고 예수님이 먼저 삭개오를 부른 얘기만 있습니다. 삭개오는 그저 대답만 했습니다.

아담이 범죄했을 때도 그렇습니다. 범죄한 아담이 자기 죄를 고백하고 용서받으려고 하나님을 찾아가지 않습니다. 아담은 숨고 "아담아, 어디 있느냐?" 하고 하나님이 아담을 찾으셨습니다. 만일 아담이 범죄했을 때 꼴 보기 싫다고 하여 하나님이 외면하였더라면 대체 인류의 역사는 어떻게 되었겠습니까?

이것이 우리와 다른 종교의 차이점입니다. 하나님이 먼저 우리를 만나기를 원하십니다. 예수의 피를 힘입어서 담대히 나아오는 사람들을 기다리는 장소가 바로 시은좌입니다. 아무리 큰 죄를 지었어도, 아무리 흉악한 죄인이라고 해도 하나님께서 정하신 길을 통해서 오기만 하면 하나님께서 자비를 베푸시려고 기다리고 계십니다.

사실 성막의 존재 이유가 바로 이 언약궤 때문입니다. 이 '언약궤'라고 하는 하나님의 임재를 상징하는 물건을 놓으려니까, 밖에는 이러 저러한 것들이 있어야 했고 또 안에도 이러 저런 것들이 있어야 했습니다. 이 언약궤가 그만큼 귀한 것입니다.

"다윗이 이스라엘에서 뺀 무리 삼만을 다시 모으고 일어나서 그 함께 있는 모든 사람으로 더불어 바알레유다로 가서 거기서 하나님의 궤를 메어 오려하니 그 궤는 그룹들 사이게 좌정하신 만군의 여호와의 이름으로 이름하는 것이라 저희가 하나님의 궤를 새 수레에 싣고 산에 있는 아비나답의 집에서 나오는데 아비나답의 아들 웃사와 아효가 그 새 수레를 모니라 저희가 산에 있는 아비나답의 집에서 하나님의 궤를 싣고 나올 때에 아효는 궤 앞에서 행하고 다윗과 이스라엘 온 족속이 잣나무로 만든 여러 가지 악기와 수금과 비파와 소고와 양금과 제금으로 여호와 앞에서 주악하더라 저희가 나곤의 타작마당에 이르러서는 소들이 뛰므로 웃사가 손을 들어 하나님의 궤를 붙들었더니 여호와 하나님이 웃사의 잘못함을 인하여 진노하사 저를 그 곳에서 치시니 저가 거기 하나님의 궤 곁에서 죽으니라"(삼하 6:1~7)

다윗이 왕이 된 다음에 가장 하고 싶었던 일이 여호와의 궤를 자기가 있는 왕궁으로 옮기는 일이었습니다. 그래서 궤를 옮기려고 했는데 그만 중간에 웃사라는 사람이 죽는다는 얘기가 나오고 있습니다.

왜냐하면 옮기는 방법이 잘못되었던 것입니다. 언약궤의 운반 방법은 사람이 직접 짊어지고 옮기는 것입니다. 수레에 싣고 옮길 수 있는 물건이 아닙니다. 하나님을 섬기는 방법은 하나님이 정해주십니다. 사람들이 자기들 편한 대로 섬기는 것이 아닙니다. 아닌게아니라 지금 본문에 보면 하나님을 굉장히 성의껏 섬긴 것 같습니다.

언약궤를 옮기는 데 무려 삼만 명을 투입했습니다. 이 정도로 대규모 인력이 동원되었습니다. 그리고 아직 한 번도 사용하지 않은 수레에 하나님의 궤를 실었습니다. 하나님의 궤를 위하여 새로 수레를 만들었습니다. 그것만이 아닙니다. 동원할 수 있는 모든 악기를 총동원해서 퍼레이드를 벌였습니다. 이만하면 굉장히 성대하게 정성껏 모신 것 같은데 그게 아니었습니다. 하나님의 궤는 사람이 직접 들어서 옮기는 것입니다. 짐승 따위에 싣고 옮기는 것이 아닙니다.

궤가 넘어지려는 것을 웃사가 붙들었다가 죽었다고 해서 "아! 궤는 손으로 만지면 안 되는구나"가 아닙니다. 궤를 붙든 것이 잘못이 아니라 애초에 시작이 잘못되었습니다.

세상에서도 그렇고 교회에서도 그렇습니다. 무슨 일을 하든지 간에 정해진 방법대로 해야 합니다. 요령을 부리는 게 아닙니다. 물론 요령을 적당히 부리면 편합니다. 들고 옮기는 것보다는 수레에 싣는 것이 편합니다. 그렇다고 해서 무성의하게 아무렇게나 일을 처리한 것도 아니었습니다. 사람도 삼만이나 동원했고 일부러 새 수레도 준비했습니다. 요즘말로 하면 군악대의 퍼레이드도 벌였습니다. 하지만 문제는 하나님이 정하신 방법이 아니었다는 사실입니다.

세상에서는 요령을 잘 부리면 지혜롭다고 하고 똑똑하다고 합니다. 하지만 그것은 세상 사람들이 세상을 살아가는 방법입니다. 우리는 그렇지 않습니다. 얼마 만큼 편하고 얼마 만큼 효율적인 것이 문제가 아니라 하나님이 정하신 방법이 어떤 것이고, 하나님이 기뻐하신 뜻이 어디에 있는지에 먼저 초점이 있어야 합니다.

지금 우리가 수련회 장소로 사용하고 있는 이 곳은 기타 사용이 금지

되어 있습니다. 그런데 수련회 출발 전에 누군가에게서 "그곳에는 기타를 못 갖고 들어간다. 하지만 가지고 들어가는 방법이 있다"는 얘기를 들었습니다. 저는 이런 경우에 어떻게 해야 하는지 고민을 안 합니다. 편법을 써서 기타를 갖고 가는 것이 잘 하는 것이 아니고 규칙대로 기타를 안 갖고 가서 불편을 감수하는 것이 잘 하는 것입니다.

이 언약궤는 하나님의 임재를 상징하는 물건입니다. 그러면 지금도 이 언약궤처럼 하나님의 임재를 나타내는 물건이 있으면 우리 신앙에 도움이 되겠습니까? 아니면 오히려 마이너스가 되겠습니까?

이렇게 생각해 보십시다. 예수님께서 부활하신 후 승천하신 것이 아니라 지금도 이 세상에 계신다면, 그 사실이 우리 신앙에 도움이 될 것 같습니까? 도움이 되지 않을 것 같습니까?

얼핏 생각하면 도움이 될 것 같은데 그렇지 않습니다. 도움이 되지 않습니다. 원론적으로 생각해서 하나님의 가장 큰 관심은 우리가 예수를 잘 믿는 것입니다. 하나님께서는 우리의 신앙이 지금보다 더 좋아지게 하기 위해서라면 뭐든지 다 하실 것입니다. 그런데 예수님은 승천하셨습니다. 결국 예수님이 승천하시는 것이 우리에게 유익이라는 뜻입니다.

"그러하나 내가 너희에게 실상을 말하노니 내가 떠나가는 것이 너희에게 유익이라 내가 떠나가지 아니하면 보혜사가 너희에게로 오시지 아니할 것이요 가면 내가 그를 너희에게로 보내리니"(요 16:7)

예수님은 승천하셨습니다. 그래서 우리는 마음 속에 예수님을 모시고 자기가 있는 처소에서 기도도 할 수 있고 얘기도 할 수 있습니다. 만일 지금도 예수님이 이 땅에 계신다면 우리는 예수님을 만나기 위해서 그 예수님을 찾아가야 합니다. 영등포에 계시면 영등포에 가야 예수님을 만날 수 있고, 제주도에 계시면 제주도까지 가야 예수님을 만날 수 있습니다. 그나마 우리나라에만 계시면 다행인데 다른 나라에 계시면 심히 곤란한 일입니다. 그래서 예수님은 이 땅에 계시지 않으셔야 합니다. 그래야 우리가 훨씬 더 자유롭고 부요하게 믿을 수 있습니다.

언약궤도 그렇습니다. 그 당시 사람들의 수준이나 인식 능력을 고려해서 하나님의 임재를 상징하는 것이 구약시대의 이스라엘에게는 필요했습니다. 하지만 지금 우리에게는 그렇지 않습니다.

십계명과 예수님께서 주신 새 계명의 차이가 바로 그런 것입니다. 예수님께서 십계명의 내용을 "하나님 사랑, 이웃 사랑"으로 요약하셨습니다. 그러면 "나 외에 다른 신을 섬기지 말라, 우상 숭배하지 말라, 살인하지 말라, 간음하지 말라…" 하는 내용이나 "하나님 사랑, 이웃 사랑"이나 결국 같은 뜻이라는 얘기입니다.

어떤 집에서 네 살 난 아이에게 "애야, 친구들과는 사이좋게 놀아야 한다" 하고 말했습니다. 그런데 네 살 난 아이는 "사이좋게 노는 것"이 어떤 것인지 모를 수 있습니다.

"사이좋게 노는 것이 뭔데?"

"응, 사이좋게 노는 것은 싸우면 안되고, 과자 먹을 때는 나눠주고, 장난감은 같이 갖고 노는 거야."

이 경우가 그렇습니다. 싸움 안하고, 과자 나눠먹고, 장난감 같이 갖고 노는 것이 사이좋게 노는 것의 모든 영역일 수는 없습니다. 하지만 그렇게 밖에 설명이 안됩니다. 십계명도 그렇습니다. "하나님 사랑, 이웃 사랑"을 말해줘야 하는데 구약시대의 이스라엘 사람들의 수준으로는 그 말을 못 알아듣습니다.

그래서 하나님을 사랑하는 방법을 풀어서 설명한 것이 십계명의 내용입니다. 하나님을 사랑하려면 하나님 외에 다른 신을 섬기면 안되고, 우상을 만들면 안되고, 하나님의 이름을 망령되이 일컬으면 안되고, 안식일을 기억하여 거룩하게 지켜야 했던 것입니다. 물론 그것만이 전부는 아닙니다. 친구가 넘어지면 일으켜줘야 합니다. 그것이 사이좋게 노는 것입니다. 그런데 애초에 사이좋은 것을 설명할 때는 그 얘기는 없었습니다. 유대인들이 십계명을 그렇게 지켰습니다. 하나님께서 자기들에게 십계명을 왜 주셨는지는 모르고 무작정 지켰다는 것입니다. 이런 폐단이 있기는 했습니다만 그 당시로는 별 수가 없는 일이었습니다. 그렇게라도 해야 "하나님 사랑, 이웃 사랑"의 그림자라도 얘기할 수 있었기 때문입니다. 이 언약궤도 그렇습니다. 사람들에게 하나님의 임재를 알기 쉽게 보여주는 방법이었습니다. 그런 언약궤 안에는 십계명 돌판, 만나, 아론의 싹난 지팡이 세 가지 물건이 들어 있었습니다.

이 세 가지 물건이 들어 있고, 그 위를 금으로 된 시은좌(속죄소)로 덮었습니다. 시은좌로 가려진 세 가지 물건은 결국 우리의 죄성을 고발하는 물건들입니다. 그 세 가지 물건이 고발하는 죄성을 점검하면서 자신의 모습을 확인했으면 합니다.

언약궤 - 만나

출 16:32

모세가 가로되 여호와께서 이같이 명하시기를 이것을 오멜에 채워서 너희 대대 후손을 위하여 간수하라 이는 내가 너희를 애굽 땅에서 인도하여 낼 때에 광야에서 너희에게 먹인 양식을 그들에게 보이기 위함이니라

언약궤 - 만나

만나는 옛날 이스라엘 사람들이 광야를 행군할 때 양식으로 삼았던 것으로, 아침마다 내렸습니다. 아침에 일어나면 가장 먼저 하는 일이 자기들에게 베풀어 주신 하나님의 영광을 눈으로 목격하는 일이었습니다. 눈만 뜨면 사방에 깔린 만나가 보였습니다.

이 만나를 후손 대대로 보관하라고 하셨습니다. 하나님이 이스라엘을 얼마 만큼 챙겨주셨는지 당대에만 아는 것이 아니라 자손 대대로 알게 하라는 뜻이었습니다.

"이스라엘 족속이 그 이름을 만나라 하였으며 깟씨 같고도 희고 맛은 꿀 섞은 과자 같았더라"(출 16:31)

만나가 얼마 만큼 맛이 기가 막혔는지 꿀 섞은 과자 같았다고 했습니다. 만나의 맛을 왜 굳이 꿀에 비유했는고 하면, 지금 우리가 사는 세상에는 맛있는 것이 참 많습니다. 하지만 성경이 기록될 당시의 사람들에게는 꿀 이상으로 맛있는 것이 없었습니다. 그러니 만나의 맛이 꿀 섞은 과자 같았다는 얘기는 세상에서 가장 맛있었다는 얘기입니다.

거기에다가 다른 이유도 있습니다. 지금 이스라엘 백성들이 가는 목표가 어디입니까? 바로 젖과 꿀이 흐르는 땅 가나안입니다. 만나는 꿀 섞은 과자 같았고, 그들이 가는 곳은 젖과 꿀이 흐르는 땅이었습니다. 결국 장차 들어갈 가나안에 대한 일종의 예표였던 셈입니다. 만나를 먹음으로 해서 가나안에 대한 기대를 부풀려야 했습니다.

만나는 이스라엘 사람들이 하나님을 열심히 섬기니까 거기에 흡족한 하나님이 상으로 주신 것이 아닙니다. 이스라엘 사람들은 항상 하나님께 불평하고 원망했음에도 불구하고 단지 이스라엘 사람들에게 그것이 필요하다는 이유로 하나님께서 순전히 은혜를 베풀어주신 것입니다. 사실 이 만나에 대해서 이스라엘 사람들은 입이 열 개라도 할 말이 없습니다.

이스라엘 사람들이 하나님을 거역했던 것이 한두 번이 아닙니다. 금송아지를 만들었고, 고라, 다단, 아비람, 온이 당을 지어서 모세한테 반역하기도 했습니다. 싯딤에서는 모압 여인들과 음행을 하기도 했었습니다. 만일 제가 하나님이었다면 저는 그런 행위가 있을 때마다 만나를 내리지 않았을 것입니다.

사람은 먹어야 힘을 내는 법입니다. 그러니 이때의 만나는 이스라엘 사람들에게 있어서 힘의 원천이었습니다. 그런데 그 만나를 먹고 고작 하는 짓이 금송아지나 섬기는 짓이었다면 거기에 대한 벌로 만나를 내리지 않아도 할 말이 없었을 것입니다. 그런데 금송아지를 섬기던 날도 만나는 내렸고, 서로 당을 지어 모세에게 반역할 때도 만나는 내렸습니다. 심지어는 모압 여인들과 간음을 할 때도 만나는 내렸습니다. 이 모든 패역한 일들을 그들은 만나를 먹은 힘으로 저지른 것입니다. 그러니 만나에 대해서 이스라엘은 도무지 말할 자격이 없습니다.

아침에 일어나면 만나가 사방에 깔려 있었습니다. 그러니까 그들은 만나를 거두면서, 하나님에 대한 감사와 함께 하나님을 의지하는 법을 배웠어야 했습니다.

"때에 여호와께서 모세에게 이르시되 보라 내가 너희를 위하여 하늘에서 양식을 비같이 내리리니 백성이 나가서 일용할 것을 날마다 거둘 것이라 이같이 하여 그들이 나의 율법을 준행하나 아니 하나 내가 시험하리라"(출 16:4)

그날 일용할 양식은 그날 거두어야 했습니다. 안식일 전날에만 이틀치가 내렸고 다른 날은 필요 이상으로 거두어봐야 전부 다 부패해서 못 먹게 되었습니다. 결국 만나를 통해서 하루 하루의 삶을 하나님께 의지하는 법을 배워야 했습니다. "많이 거둬봐야 필요없구나." "안식일 날은 그릇 들고 나가봐야 만나가 내리지 않는구나." "역시 말씀대로 살아야 하겠다" 하는 것을 배울 수 있는 교보재가 바로 만나였습니다. 그러니 만나를 먹고 기지개를 켜면서 "오늘도 한 끼 때웠다" 할 것이 아니라, 자기가 얼마 만큼 하나님께 의존되어 있는 존재인지를 확인하여야 했습니다. 그런데 실상은 전혀 그렇지를 못했습니다.

"이스라엘 중에 섞여 사는 무리가 탐욕을 품으매 이스라엘 자손도 다시 울며 가로되 누가 우리에게 고기를 주어 먹게 할꼬 우리가 애굽에 있을 때에는 값없이 생선과 외와 수박과 부추와 파와 마늘들을 먹은 것이 생각나거늘 이제는 우리 정력이 쇠약하되 이 만나 외에는 보이는 것이 아무것도 없도다 하니 만나는 깟씨와 같고 모양은 진주와 같은 것이라 백성이 두루 다니며 그것을 거두어 맷돌에 갈기도 하며 절구에 찧기도 하고 가마에 삶기도 하여 과자를 만들었으니 그 맛이 기름 섞은 과자맛 같았더라"(민 11:4~8)

처음의 만나는 꿀 섞은 과자맛 같았습니다. 그런데 이제는 기름 섞은 과자가 되었습니다. 그것도 기왕이면 맛있게 만드느라고 맷돌에 갈기도 하고, 절구에 찧기도 하고, 가마에 삶기도 하면서 갖은 노력을 다 기울였는데 그럼에도 불구하고 그 맛이 예전보다 못하더라는 것입니다. 물론 만나의 맛이 변질되었다고 생각할 수는 없습니다. 이스라엘 사람들의 입맛이 변한 것입니다.

처음에는 분명히 꿀 섞은 과자맛이었습니다. 그런데 그것이 일상적인 일이 되고 보니 마땅히 나와야 할 감사 대신 원망과 불평이 나오고 있습니다. 그것도 불평의 내용이 기가 막힙니다.

"…누가 우리에게 고기를 주어 먹게 할꼬 우리가 애굽에 있을 때에는 값없이 생선과 외와 수박과 부추와 파와 마늘들을 먹은 것이 생각나거늘 이제는 우리 정력이 쇠약하되 이 만나 외에는 보이는 것이 아무것도 없도다"(민 11:4~6)

홍해를 건너 출애굽을 하면 애굽에서 먹던 것보다 훨씬 더 좋은 것을 먹을 줄 알았는데 오히려 애굽에서 먹던 것보다 훨씬 더 박한 음식만 먹게 되었다는 팔자타령입니다. 아침에도 만나, 점심에도 만나, 저녁에도 만나, 구워도 만나, 삶아도 만나, 볶아도 만나, 지져도 만나… 맨날 만나만 먹고 어떻게 사느냐고 불평하고 있습니다.

애굽에 있을 때에도 생선과 외와 수박과 부추와 파와 마늘을 먹었으니까 이제 홍해를 건너기만 하면 하나님의 도우심으로 그때부터는 햄버거도 먹고, 피자도 먹고, 팥빙수도 먹고, 삼겹살도 먹고, 안심 스테이크도 먹고… 하는 것이 신앙생활이 아닙니다. 이것은 지금 우리에게도 있는 오해입니다. 하나님의 도우심을 세속적인 안목으로밖에 판단할 줄을 모릅니다. 애굽에서 나와서 가나안으로 가고 있다는 사실에 대한 감사가 없고, 가나안에 가까워지고 있다는 소망이 없습니다. 그러니 기껏 한다는 애기가 "내가 교회까지 다녔는데 하나님이 나한테 해준 것이 뭐가 있느냐?"는 황당한 소리나 하고 있는 것입니다.

"백성이 하나님과 모세를 향하여 원망하되 어찌하여 우리를 애굽에서 인도하여 올려서 이 광야에서 죽게 하는고 이 곳에는 식물도 없고 물도 없도다 우리 마음이 이 박한 식물을 싫어하노라 하매 여호와께서 불뱀들을 백성 중에 보내어 백성을 물게 하시므로 이스라엘 백성 중에 죽은 자가 많은지라"(민 21:5~6)

맨 처음에는 꿀 섞은 과자맛 같았습니다. 그러다가 기름 섞은 과자라고 하더니 이제는 박한 식물이 되었습니다. 하나님께서 주신 것에 대한 모독도 이런 모독은 없습니다. "이 곳에는 식물도 없고…" 하는 불평이 있는 것으로 보아, 그들에게 있어서 만나는 도무지 사람이 먹을 음식이 아니었던 것입니다. 그러면서 하는 애기가 "어찌하여 우리를 애굽에서 인도하여 올려서 이 광야에서 죽게 하는고" 하는 불평이었습니다. 얼핏 보면 마치 당장 굶어죽게 된 형편에 처한 사람이 말하는 불평 같습니다만 지금 이스라엘 사람들은 죽을 만한 여건이 아닙니다. 한 손에는 만나를 들고 입으로는 우물우물 씹으면서 이런 애기를 하고 있습니다.

특히 여기서 식물이 없다고 하는 불평은 심각한 불평입니다. 왜냐하면 식물이 없는 것이 아니기 때문입니다. 그들에게는 하나님이 주시는 만나와 메추라기가 있었습니다. 그런데도 식물이 없다고 불평하고 있습니다. 무슨 뜻인고 하면 하나님이 허락하시지 않은 식물이 없는 것입니다. 옛날 애굽에서 죄와 함께 먹던 식물이 없는 것에 대한 불편을 이렇게 하나님께 억지를 부리고 있는 것입니다. 쓸데없이 교회 다니는 바람에 술도 못 마시고 담배도 못 피운다고 하는 불평과 같습니다.

 물도 마찬가지입니다. 반석만 치면 물이 나오는데 물이 왜 없겠습니까? 그러니까 어떤 물이 없는고 하면 굳이 하나님께 구하지 않아도 마실 수 있는 물이 없는 것입니다. 목마를 때마다 하나님께 구해야 하는 번거로운 절차 없이 마실 수 있는 물이 마시고 싶은 것입니다.

 어떤 애가 전자오락이 하고 싶은데 돈이 없습니다. 그래서 엄마에게 난 왜 용돈을 제대로 안 주느냐고 땡깡을 부립니다. 그러면 어머니 입장에서는 필요할 때마다 얘기하면 안준 적이 없는데 뭐에 필요한지는 얘기 안하고 무작정 심통만 부리니 답답합니다. 그런데 애의 입장에서는 전자오락을 한다고 하면 보나마나 안 줄 것이 뻔하니까 그 얘기는 못하고 공연히 애꿎은 트집만 잡습니다. 친구 누구는 나이키 운동화가 어쩌고, 누구는 청바지가 어쩌고…. 사실은 운동화나 청바지가 문제가 아닙니다. 전자오락이 문제입니다. 하고는 싶은데 돈은 없고, 그렇다고 해서 솔직히 얘기했다가는 공부 안 한다고 야단 맞을 게 뻔하고…, 그래서 공연히 심통부리며 반찬 투정을 하는 것입니다.

 신문에 보면 가끔 유복한 가정의 자녀들이 강력 범죄를 저지른 기사가 나옵니다. 범행 동기는 유흥비를 마련하기 위해서입니다. 그러면 그들에게 돈이 왜 필요하겠습니까? 유복한 가정에서 자랐으니까 용돈도 넉넉했을 것입니다. 그런데 부모가 넉넉히 주는 용돈보다 더 많은 돈이 필요했습니다. 그리고 어디에다 쓸 것인지를 부모에게 얘기하면 보나마나 안 줄 것입니다. 부모에게 달라는 얘기를 못할 돈이 필요합니다. 그래서 자기네가 돈을 마련하려고 머리 맞대고 나선 방법이 기껏해야 인신매매 아니면 절도행각입니다. 다른 집 자녀에 비해서 용돈이 모자란 것도 아니고 용돈을 줄 부모가 없는 것도 아닙니다. 부모가 알면 허락을 안 해 줄 용도에 쓸 돈이 필요한 것이 문제입니다.

식물과 물이 없지 않습니다. 문제는 하나님이 주시는 것 말고 세상이 주는 것을 먹고 싶은 것이 문제입니다.

그런데 사실 이 문제는 이스라엘 사람들에게만 국한되거나 지금의 비행청소년들에게만 국한되는 내용이 아닙니다. 우리의 기도 내용도 사실은 이렇습니다. 분명히 예수님의 이름으로 하나님께 기도하는데, 그 내용들은 하나님 없이도 이 세상에서 남에게 꿀리지 않고 살 수 있게 해달라는 기도가 대부분입니다. 그것 말고는 달리 구할 것도 없고 바랄 것도 없습니다. 참으로 안타까운 현실입니다.

"하나님의 지으신 모든 것이 선하매 감사함으로 받으면 버릴 것이 없나니"(딤전 4:4)

이 세상에 있는 모든 것이 다 그렇습니다. 하나님께서 그 존재를 허락하시니까 있는 것입니다. 그러면 본질상 나쁜 것은 있을 수 없습니다. 만일 나쁜 것이 있다면 그 사물이 나쁜 것이 아니고 그것을 보는 사람의 마음이 나쁜 것입니다.

만나도 그렇습니다. 만나가 왜 박한 식물이 되었는고 하니 만나를 보는 눈이 그렇다는 뜻입니다. 하나님은 축복으로 주셨는데 하나님이 주신 축복을 불평, 불만, 원망으로 대하고 있습니다. 이것이 모든 사람에게 있는 공통적인 죄된 근성입니다.

예컨대 "다른 교회는 안 그런데 우리 교회는 왜 그래?" "다른 엄마는 안 그런데 우리 엄마는 왜 그럴까?" 하는 불평은 해서는 안 되는 불평입니다. 이것이 만나에 대한 불평과 유사한 불평입니다. 여러분 부모는 여러분에게 가장 좋은 부모로 하나님께서 정해주셨습니다. 교회도 마찬가지입니다. 거기에 대해 불평하는 것은 하나님 보시기에 옳지 않습니다.

하다못해 유치원 꼬마들도 자기들이 만든 공작품을 흉보면 삐지는 법입니다. 공작품을 타박하는 것이 곧 그 공작품을 만든 아이를 타박하는 것과 같기 때문입니다. 하나님도 그렇습니다. 하나님께서 "보시기에 심히 좋았더라"고 한 작품을 타박하는 것은 하나님에 대한 타박입니다.

팔은 안으로 굽어야 하는데 안으로 굽지 않는다면 팔이 아니든지 아니면 고장난 팔일 것입니다. 물론 어떤 일을 평가할 때 공정하고 객관적인 평가를 해야 할 때가 있습니다. 하지만 굳이 객관적인 안목이 필요한 때도 아닌데 객관적으로 평가한다는 것은 사랑이 없다는 뜻입니다.

전에 저의 애 학예회에 갔었습니다. 어떤 애가 홀라후프를 가지고 나왔습니다. 뭘 하나 했더니 별 게 아니었습니다. 그냥 홀라후프를 돌리는 것이었습니다. 특별한 묘기가 아니라 아무나 할 수 있는 평범한 일을 하고 있는데, 그래도 사람들을 밀치며 앞으로 나와서 연신 카메라 셔터를 누르는 아주머니가 있었습니다. 아마도 그 아이의 어머니였을 것입니다. 제가 보기에는 전혀 대단할 것이 없는 평범한 일이었지만 그 아이의 어머니가 보기에는 사진을 찍어두지 않으면 평생 아쉬워 할 대단한 일이었던 것입니다. "무슨 일을 하느냐?"가 문제가 아니라 "누가 하느냐?"가 문제이기 때문입니다.

이 경우가 바로 그렇습니다. 어떤 사람을 놓고 냉정하게 객관적으로 판단한다는 얘기는, 팔로 얘기하면 안으로 굽는 것이 없다는 뜻입니다. 그래서 "어휴, 다른 교회 교인들은 안 그렇다는데 우리 교회 교인들은 왜 그래?" 이런 얘기는 하는 것이 아닙니다. 물론 실제로 자기가 속해 있는 교회 교인들의 수준이 낮을 수 있습니다. 하지만 아무리 그래도 남보다 못한 수준이 자기 눈에 보인다는 것은 자기에게 사랑이 결핍되어 있다는 반증이기 때문입니다.

마찬가지입니다. 우스갯소리 같습니다만, "우리 교회 전도사는 왜 저

모양이야?" 하는 불만도 성경적이 아닙니다. 일단 팔은 안으로 굽어야 하기 때문입니다. 하나님이 주신 모든 것에 대해서 감사하는 것이 신앙적입니다. 부모, 교회, 친구, 학교, 직장… 모든 것이 다 그렇습니다.

사족이 되겠습니다만 저는 제 나름대로 여러분에게 감사 제목이 될 만한 전도사가 되기 위한 노력을 하고 있습니다. 저 스스로 "여러분은 제가 여러분의 전도사라는 사실에 대해서 감사해야 합니다" 하고 말씀 드린다면 이것은 상당히 뻔뻔스러운 요구입니다. 하지만 여러분하고 관계없이 저는 제 자신의 영성을 위해서라도 교인들의 감사 제목이 될 만한 전도사가 되기 위한 노력을 해야 할 것입니다. 제가 그런 노력을 한다는 사실이 여러분에게 유감이나 불만이 될 수는 없습니다. 그런 노력을 전혀 안 한다면 그것이 오히려 불만일 것입니다.

"또 저희를 위하여 내가 나를 거룩하게 하오니 이는 저희도 진리로 거룩함을 얻게 하려 함이니이다"(요 17:19)

저희를 거룩하게 하기 위해서 내가 나를 거룩하게 한다는 얘기입니다. 아닌게 아니라 저는 그런 쪽으로 신경을 쓰고 있습니다. 여기에 대해서 그렇게 하지 말라고 하실 분은 아마 아무도 안 계실 것입니다. 그러면 저는 그렇다 치고 여러분은 어떻게 하시겠습니까? 제가 여러분이 저를 감사 제목으로 여길 만한 전도사가 되기 위한 노력을 하고 있다는 사실을 여러분에게 적용시키면 여러분은 어떻게 되겠습니까? 여러분도 제 기도에 여러분에 대한 감사가 나올 만한 신자가 되기 위한 노력을 계속 경주해야 한다는 뜻입니다. 여러분은 맨날 제자리에 있고 저한테만 그런 것을 요구한다면 그것은 대단히 이기적인 발상입니다. 여러분이 기도할 때마다, "좋은 전도사님 보내주셔서 감사합니다" 하는 기도가 나올 만한 노력을 제가 기울이는 것처럼 여러분도 역시 제가 기도할 때마다, "좋은 교회에서 사역하게 해주셔서 감사합니다. 좋은 교인들을 만나게 해주셔서 감사합니다" 하는 기도를 할 수 있는 사람이 되셔야 합니다.

지금 제가 드린 이 말씀은 아마 평소에는 단 한 번도 생각해 보지 않은 내용일 것입니다. 저는 지금 제 개인 의견을 말씀드리는 것이 아니고 성경을 근거로 해서 말씀드리고 있습니다. 그런데 여러분의 귀에는 전혀 생소하게 들린다면 이것이 대체 무슨 뜻이겠습니까? 교회에서 신앙생활을 어떻게 해야 하는지에 대한 생각이 모자란다는 뜻입니다.

교회에서 흔히 말하는 신앙생활이란 고작해야 주일날 낮예배에 나오는 것이 전부입니다. 일년 52주 중에 45주에서 50주 정도만 나오면 신앙생활 잘 한다고 합니다. 20주만 나와도 엄연한 그 교회 교인이고, 두 달에 한 번, 얼굴 잊어버리지 않게 가끔 얼굴만 비춰도 교인입니다. 심지어 일년 내내 한 번도 안 나오는 집사도 있습니다.

적어도 구구단과 나눗셈은 해야 일차방정식을 가르칠 수 있습니다. 구구단도 못하는데 삼각함수나 미적분을 가르칠 수는 없습니다. 그런데 교회에서는 애초에 성경에서 얘기하는 신앙생활을 할 마음의 준비가 전혀 없습니다. 그저 주일날 얼굴만 비추면 그것으로 자족하는 사람들을 모아놓고, "여러분, 신앙생활은 그런 것이 아닙니다. 지금보다 거룩해지셔야 합니다. 주님의 성품을 닮아가야 합니다" 하는 것은 완전히 코미디입니다.

성경에서 얘기하는 신앙생활이 어떤 것인지는 모르고 그저 교회만 왔다 갔다 하면 그것이 전부인 줄 알고 있으니 기껏 교회에 나와서는 한다는 얘기가 "대체 우리 교회는 왜 이래?" 하고 푸념만 합니다. 교회가 어떤 곳인지를 자기가 정한 것입니다. 그래서 자기 마음에 안 들면 마음에 들지 않는 순간마다 불평이 나옵니다.

출석만 잘하면 우등상을 주는 학교는 없습니다. 개근상이나 정근상을 주면서 덤으로 우등상까지 주는 학교가 있다면, 아마 그런 학교에는 아무도 가지 않으려고 할 것입니다. 그런 학교에 다녀봐야 뻔하기 때문입니다. 그런데 교회에서 그렇게 합니다. 예배만 안 빼먹으면 신앙생활 잘한다고 합니다. 그러니까 예배를 안 빼먹고 거기에 더하여 성가대를 하고 교회학교 교사를 하면 더 이상 바랄 것이 없게 됩니다.

제발 신앙생활을 그런 식으로 하지 마시기 바랍니다. 자신의 정서적인 욕구를 충족시키는 것으로 신앙생활을 때울 것이 아니라 하나님께서 요구하시는 방법대로 해야 합니다.

"하늘에 계신 너희 아버지의 온전하심과 같이 너희도 온전하라" "새 계명을 너희에게 주노니 서로 사랑하라" "너희는 이 세대를 본받지 말고 오직 마음을 새롭게 함으로 변화를 받아 하나님의 선하시고 기뻐하시고 온전하신 뜻이 무엇인지 분별하도록 하라" "하나님을 따라 의와 진리의 거룩함으로 지으심을 받은 새사람을 입으라" 하는 말씀들이 우리 신앙의 지표가 되어야 합니다.

"성가대 해라" "교회학교 교사해라" "예배 빼먹지 말아라"는 얘기는 성경에 없습니다. 이것들은 신앙생활이 아니라 신앙생활을 하기 위한 준비운동입니다.

각설하고 언약궤 안에 있던 만나는 하나님의 축복을 도리어 원망하는 우리 인간의 죄된 심성을 고발하고 있는 것입니다.

언약궤-아론의 싹난 지팡이

민 17:1~5

여호와께서 모세에게 일러 가라사대 너는 이스라엘 자손에게 고하여 그들 중에서 각 종족을 따라 지팡이 하나씩 취하되 곧 그들의 종족대로 그 모든 족장에게서 지팡이 열둘을 취하고 그 사람들의 이름을 각각 그 지팡이에 쓰되 레위의 지팡이에는 아론의 이름을 쓰라 이는 그들의 종족의 각 두령이 지팡이 하나씩 있어야 할 것임이니라 그 지팡이를 회막 안에서 내가 너희와 만나는 곳인 증거궤 앞에 두라 내가 택한 자의 지팡이에는 싹이 나리니 이것으로 이스라엘 자손이 너희를 대하여 원망하는 말을 내 앞에서 그치게 하리라

언약궤 - 아론의 싹난 지팡이

고라, 다단, 아비람, 온이 모세에게 반역한 일이 있었습니다. 그래서 하나님께서 그들을 지진으로 심판하시고 이스라엘 열두 지파에게 각 지파마다 지팡이 하나씩 가지고 오게 합니다. 하나님께서 진정으로 택한 사람의 지팡이에서는 싹이 날 것이라고 했는데, 아론의 지팡이에서 싹이 났습니다.

이 얘기를 처음부터 보시겠습니다.

"그들이 모여서 모세와 아론을 거스려 그들에게 이르되 너희가 분수에 지나도다 회중이 다 각각 거룩하고 여호와께서도 그들 중에 계시거늘 너희가 어찌하여 여호와의 총회 위에 스스로 높이느뇨"(민 16:3)

여기서 그들은 고라, 다단, 아비람, 온 일당을 말합니다. 모세와 아론에 대해서 "왜 너희들만 대장 하느냐? 우리도 하나님이 택하신 백성인데 우리도 대장할 자격이 있다"는 항변이었습니다. 여기에 대한 모세의 답변이 다음에 나옵니다.

"모세가 또 고라에게 이르되 너희 레위 자손들아 들으라 이스라엘의 하나님이 이스라엘 회중에서 너희를 구별하여 자기에게 가까이 하게 하사 여호와의 성막에서 봉사하게 하시며 회중 앞에 서서 그들을 대신하여 섬기게 하심이 너희에게 작은 일이겠느냐"(민 16:8~9)

"너희들에게는 너희들이 맡은 직분이 있지 않느냐? 너희들은 그 직분을 통해서 하나님께 영광을 돌리는 것이다. 그런데 왜 정작 너희들에게 맡겨진 너희들의 일을 제쳐놓고 다른 일에 시비를 거느냐?"는 것이 모세의 답변입니다. 물론 우리는 누가 옳고 누가 그른지를 알고 있습니다만 잠깐 동안 모른다 치면, 여기에 대한 하나님의 판정이 그 다음에 나옵니다.

"내가 택한 자의 지팡이에는 싹이 나리니 이것으로 이스라엘 자손이 너희를 대하여 원망하는 말을 내 앞에서 그치게 하리라"(민 17:5)

이렇게 해서 아론의 지팡이에 싹이 나게 됩니다. 하나님께서 세우신 권위에 대한 도전과 거기에 대한 하나님의 판결이 지팡이에 나타난 것입니다.

남의 손에 있는 떡이 더 커 보인다고 합니다. 그러니 자기가 하는 일보다 남이 하는 일이 더 귀하게 보입니다. 아마 모든 교인들이 가지고 있는 편견 중의 하나가 목회자를 귀한 일을 하는 사람이라고 하는 편견입니다. 목회자가 귀한 일을 하는 사람이면, 천한 일을 하는 사람은 어떤 사람입니까? 목회를 하지 않는 사람은 도매금으로 천한 일을 하는 사람입니까? 목회는 귀하고 목회가 아닌 일은 귀하지 않다는 구분이 어디서 나온 것입니까?

목회자를 귀한 일을 하는 사람이라고 하여 열심히 그가 전하는 말씀에 순복한다면 저도 공연히 이런 시비를 걸지는 않겠습니다. 하지만 실제로 나타나는 폐단이 있어서 그렇습니다. 목회자를 귀한 사람이라고 하여 말씀대로 살아야 할 책임을 목회자에게 떠넘기고 자기에게는 동일한 책임을 지우지 않더라는 사실입니다. 적용하는 기준이 이중적입니다.

설교하는 것은 귀하고 설교 듣는 것은 덜 귀한 일이라는 구분이 대체 어디에 기인한 것입니까? 그것도 설교하는 일을 귀한 일이라고 인정해 주는 만큼 설교 말씀대로만 살면 차라리 괜찮겠습니다. 그런데 아무도 그렇게 안 합니다. 설교를 맡은 사람은 예배를 빠지면 안되고 설교를 듣는 사람은 가끔 예배를 빼먹어도 되는 정도로 알고 있으니 이것은 실로 유감입니다. 자기에게도 설교를 하는 것처럼 본때 있는 일이 맡겨진다면 열심히 신앙생활을 하겠지만 그런 일이 맡겨지기 전에는 신앙생활을 잠시 유보하겠다는 말도 안 되는 발상에다가, 내가 신앙생활을 열심히 안 하는 것은 내 책임이 아니라 나에게 본때 있는 일을 맡겨주시지 않은 하나님 책임이라는 기상천외한 책임회피가 섞여있는 것입니다.

하나님 보시기에 진짜 목회가 귀한 일이면 하나님께서는 이 세상에 있는 사람들 전부에게 목회를 시킬 것입니다. 그런데 하나님께서는 그렇게 안 하십니다. 목회 말고는 도저히 쓸데가 없는 사람을 골라서 목회를 시키십니다. 다른 일보다 특별히 귀한 일이 아닙니다. 그러니 목회자가 목회를 열심히 하는 것만큼 목회자가 아닌 교인들은 신앙생활을 열심히 해야 할 책임이 있습니다.

고라 자손들이 이 부분을 오해했습니다. 모세와 아론이 하는 일은 훨씬 폼나 보이고 자기네가 하는 일은 별볼일 없어 보였던 것입니다. 모세의 얘기 중에 여기에 대한 암시가 있습니다.

"모세가 또 고라에게 이르되 너희 레위 자손들아 들으라 이스라엘의 하나님이 이스라엘 회중에서 너희를 구별하여 자기에게 가까이 하게 하사 여호와의 성막에서 봉사하게 하시며 회중 앞에 서서 그들을 대신하여 섬기게 하심이 너희에게 작은 일이겠느냐"(민 16:8~9)

하나님께서 너희를 가까이 부르셔서 성막에서 봉사하게 하셨고 또 회중들을 대신하여 하나님을 섬기게 했는데 그것이 너희에게 작은 일이냐 하는 얘기입니다. 작은 일이 아니라는 얘기는 큰 일이라는 뜻입니다. 그런데 너희는 왜 너희에게 맡겨진 이 큰 일을 안하고 다른 일을 하려고 하느냐는 것입니다.

연극이나 영화에는 맡겨진 배역이 있습니다. 그 배역 하나 하나가 잘 되어야 전체 작품이 만들어집니다.

전에 제가 유년주일학교 교사로 봉사할 때였습니다. 맡고 있는 반 아이들과 '예수님과 열두 제자'라는 역할극을 하면서 상당히 고생했던 기억이 있습니다. 가롯 유다를 아무도 안 하겠다는 것이었습니다. 자기가 어떤 일을 맡음으로 해서 전체가 만들어진다는 생각은 없고 자기가 얼마 만큼 돋보이는 지에만 관심이 있어서 그렇습니다.

인기 있는 여배우 같으면 당연히 주연을 맡고 싶을 것입니다. 하지만 그렇다고 해서 항상 젊고 예쁜 역할로만 나오는 것은 아닙니다. 경우에 따라서는 시골 할머니의 역을 맡을 수도 있습니다. 그러면 당연히 주름살 투성이의 꾀죄죄한 모습으로 나와야 합니다. 본래 얼굴이 아무리 예뻐도 본래 모습 그대로 나오면 작품이 만들어지지 않습니다. 자기 얼굴이 본래 얼마 만큼 예쁘냐가 문제가 아니라 맡겨진 배역이 문제입니다.

지금 고라 일당의 반역이 여기에서 기인합니다. 자기들이 하는 일 말고 모세가 하는 일을 하고 싶은 것입니다. 감독은 자기한테 할머니 역을 맡겼는데, 자기 생각에 자기는 젊고 예쁜 여자 역할이 더 어울린다고 우기는 것입니다.

"저 사람이 저 일을 하는 것보다 내가 하면 더 잘 할 수 있겠다" 싶은 일이 우리 주변에 얼마든지 있을 수 있습니다. 하지만 하나님에게는 그것이 그리 중요하지 않습니다. 하나님께서 받으시는 것은 우리의 재능이 아니라 우리의 순종입니다. 만일 우리 하나님이 전능하신 분이 아니라면 우리가 열심히 힘을 길러서 하나님을 도와드려야 하겠지만, 하나님이 전능하신 분이라면 그분 밑에 얼마나 유능한 사람이 있느냐 하는 것은 전혀 문제가 되지 않습니다. 얼마나 순종하는 사람이 있느냐가 훨씬 더 중요합니다.

하나님 보시기에는 능력, 성취, 업적이 중요하지 않고 화목, 순종, 겸손이 중요합니다. 그런데 우리는 자꾸만 가시적인 결과에 초점을 두니까 이런 일이 있는 것입니다.

하나님께서 세우신 질서를 거역하는 대표적인 모습이 환경 오염일 것입니다. 너무 포괄적인 지적이라 실감하기 힘들 것 같습니다만 하나님이 세우신 질서가 존중되었으면 환경 문제가 이렇게 심각해지지는 않았을 것입니다.

또 하나님이 세우신 질서를 얘기하면, 주의 종에게 순종해야 함을 들 수 있습니다. 주의 종이 옳은지 틀린지를 함부로 얘기하면 안됩니다.

"모세가 구스 여자를 취하였더니 그 구스 여자를 취하였으므로 미리암과 아론이 모세를 비방하니라 그들이 이르되 여호와께서 모세와만 말씀하셨느냐 우리와도 말씀하지 아니하셨느냐 하매 여호와께서 이 말을 들으셨더라 이 사람 모세는 온유함이 지면의 모든 사람보다 승하더라 여호와께서 갑자기 모세와 아론과 미리암에게 이르시되 너희 삼 인은 회막으로 나아오라 하시니 그 삼 인이 나아가매 여호와께서 구름 기둥 가운데로서 강림하사 장막문에 서시고 아론과 미리암을 부르시는지라 그 두 사람이 나아가매 이르시되 내 말을 들으라 너희 중에 선지자가 있으면 나 여호와가 이상으로 나를 그에게 알리기도 하고 꿈으로 그와 말하기도 하거니와 내 종 모세와는 그렇지 아니하니 그는 나의 온 집에 충성됨이라 그와는 내가 대면하여 명백히 말하고 은밀한 말로 아니하며 그는 또 여호와의 형상을 보겠거늘 너희가 어찌하여 내 종 모세 비방하기를 두려워 아니하느냐 여호와께서 그들을 향하여 진노하시고 떠나시매 구름이 장막 위에서 떠나갔고 미리암은 문둥병이 들려 눈과 같더라 아론이 미리암을 본즉 문둥병이 들었는지라"(민 12:1~10)

하나님께서 세우신 권위에 반항했던 대표적인 사건입니다. 모세가 구스 여인을 아내로 취하자, 그 일에 대해 미리암이 싫은 얘기를 했습니다. 그랬다가 미리암이 문둥병에 걸렸다는 내용입니다.

본래 모세의 아내는 십보라입니다. 본처인 십보라가 죽어서 재혼을 했는지 아니면 세컨드를 얻었는지는 성경에 나와 있지 않습니다만, 하여간 모세가 구스 여자를 아내로 맞이 하였습니다. 구스는 지금의 에디오피아입니다. 그러니까 모세가 깜둥이 여자와 국제 결혼을 한 것입니다. 20세 이상의 남자만도 60만이 넘는 이스라엘 민족을 영도하는 지도자가 이방 여인과 결혼했으니까 누나된 입장에서 싫은 소리를 할 법도 한 일입니다.

한 민족을 지도하려면 조그마한 허물도 없어야 하는데 왜 하필이면 이방 여인과 결혼한단 말입니까? 다른 사람이야 모세의 카리스마에 눌려서 함부로 입을 열지 못했을지는 몰라도 미리암과 아론은 입장이 다릅니다. 아무리 수염 허연 할아버지라고 해도 동생은 동생입니다. 더구나 미리암은 모세가 갈대 상자에 담겨있던 모습까지 지켜본 친누나입니다. 그래서 동생을 야단쳤습니다.

그런데 하나님의 판결은 전혀 엉뚱하게 내려왔습니다. 모세를 책망한 것이 아니라 미리암에게 문둥병을 내렸습니다. 미리암에게 잘못이 있다는 반증입니다. 더구나 하나님의 판결문에서 모세의 결혼 얘기는 아예 언급되지도 않습니다.

"이건 이렇고 저건 저러니까 모세에게는 잘못이 없다"는 논리적인 설명이 있는 것이 아닙니다. 다짜고짜 "너희가 어찌하여 내 종 모세 비방하기를 두려워 아니하느냐?" 하는 말로 미리암과 아론을 책망했습니다. 경우에 맞는지 여부에 관계없이 모세에게 싫은 소리를 한 것 자체가 잘못이라는 것입니다.

이해하기는 힘들지만 이것이 하나님께서 일하시는 방법입니다. 모세가 하나님의 종인 한, 모세에게 잘못이 있다면 그것은 하나님이 알아서 하실 일이기 때문입니다. 그런데 인간은 그런 하나님에 대해 끊임없는 반감을 갖고 있습니다. 하나님보다 자기가 더 똑똑하고 싶은 것입니다. 이런 잘못을 고발하고 있는 것이 바로 아론의 싹난 지팡이입니다.

"여호와께서 또 모세에게 이르시되 아론의 지팡이는 증거궤 앞으로 도로 가져다가 거기 간직하여 패역한 자에 대한 표징이 되게 하여 그들로 내게 대한 원망을 그치고 죽지 않게 할지니라"(민 17:10)

하나님께서 그 지팡이로 하여금 이스라엘 백성에게 표징을 삼아 하나님의 섭리와 경륜에 대한 원망을 엄하게 경고하셨습니다. 하지만 성경 어느 곳에도 "…아론의 지팡이에 움이 돋고 순이 나고 꽃이 피어서 살구 열매가 열린 이후로 이스라엘에 원망이 그쳤더라"는 기록은 없습니다. 하나님께서 하시는 일에 대한 원망은 이전에도 계속 있어 왔고 앞으로도 계속 있을 것입니다. 이것이 우리 인간의 죄성입니다.

언약궤-십계명 돌판

출 20:1~17

하나님이 이 모든 말씀으로 일러 가라사대 나는 너를 애굽 땅, 종 되었던 집에서 인도하여 낸 너의 하나님 여호와로라 너는 나 외에는 다른 신들을 네게 있게 말지니라 너를 위하여 새긴 우상을 만들지 말고 또 위로 하늘에 있는 것이나 아래로 땅에 있는 것이나 땅 아래 물 속에 있는 것의 아무 형상이든지 만들지 말며 그것들에게 절하지 말며 그것들을 섬기지 말라 나 여호와 너의 하나님은 질투하는 하나님인즉 나를 미워하는 자의 죄를 갚되 아비로부터 아들에게로 삼사 대까지 이르게 하거니와 나를 사랑하고 내 계명을 지키는 자에게는 천 대까지 은혜를 베푸느니라 너는 너의 하나님 여호와의 이름을 망령되이 일컫지 말라 나 여호와는 나의 이름을 망령되이 일컫는 자를 죄 없다 하지 아니하리라 안식일을 기억하여 거룩히 지키라 엿새 동안은 힘써 네 모든 일을 행할 것이나 제칠일은 너의 하나님 여호와의 안식일인즉 너나 네 아들이나 네 딸이나 네 남종이나 네 여종이나 네 육축이나 네 문 안에 유하는 객이라도 아무 일도 하지 말라 이는 엿새 동안에 나 여호와가 하늘과 땅과 바다와 그 가운데 모든 것을 만들고 제칠일에 쉬었음이라 그러므로 나 여호와가 안식일을 복되게 하여 그날을 거룩하게 하였느니라 네 부모를 공경하라 그리하면 너의 하나님 나 여호와가 네게 준 땅에서 네 생명이 길리라 살인하지 말지니라 간음하지 말지니라 도적질하지 말지니라 네 이웃에 대하여 거짓 증거하지 말지니라 네 이웃의 집을 탐내지 말지니라 네 이웃의 아내나 그의 남종이나 그의 여종이나 그의 소나 그의 나귀나 무릇 네 이웃의 소유를 탐내지 말지니라

언약궤-십계명 돌판

십계명이 주어지기 전에 이스라엘 백성들은 하나님의 계명을 지키겠다는 언약을 했습니다.

"모세가 와서 여호와의 모든 말씀과 그 모든 율례를 백성에게 고하매 그들이 한 소리로 응답하여 가로되 여호와의 명하신 모든 말씀을 우리가 준행하리이다"(출 24:3)

"모세가 피를 취하여 반은 여러 양푼에 담고 반은 단에 뿌리고 언약서를 가져 백성에게 낭독하여 들리매 그들이 가로되 여호와의 모든 말씀을 우리가 준행하리이다"(출 24:6~7)

이런 언약을 한 다음에 모세가 십계명을 받으러 올라갔습니다. 그런데 모세가 산에 올라간 지 사십 일이 되도록 소식이 없자, 이스라엘 사람들은 그 사이를 못 참아서 금송아지 우상을 만들었습니다. 그리고 이 작태를 본 모세는 분을 이기지 못하여 하나님께 받은 십계명 돌판을 집어던져 깨뜨리고 말았습니다. 결국 십계명은 그것을 지켜보려고 제대로 노력도 하기 전에 깨졌던 것입니다.

사람은 옳고 그른 것을 알기만 하면 옳은 쪽을 택할 만큼 지혜롭지 않습니다. 자기 자신의 입장을 변호하는 쪽으로 옳은 것이 동원되는 수는 있어도 진리를 찾는 쪽으로 옳은 것을 동원하는 경우는 없습니다. 사람은 언제나 죄의 종입니다. 옳고 그른 것은 단지 알기만 하고 실제 따라가기는 언제나 죄를 따라갑니다. 죄의 종이라는 것은 죄가 시키는 대로 한다는 얘기입니다. 사람에게는 죄를 거역하거나 대항할 수 있는 힘이 없습니다.

공평이니 형평이니 하는 단어들을 누가 사용합니까? 언제나 약한 사람들이 이런 얘기를 합니다. 힘있는 사람은 공평이나 형평을 찾지 않습니다. 인권문제도 그렇습니다. 언제나 억압받는 쪽에서 인권문제를 거론합니다. 통치자가 먼저 인권문제를 거론하는 예는 없습니다. 진리 자체에 가치를 두는 것이 아니라 진리조차도 자기 입장을 옹호하는 수단이 됩니다.

형과 동생이 사과 하나를 나눠 먹어야 합니다. 그러면 이 경우에 "공평하게 나눠야 한다"는 말을 누가 하겠습니까? 그런 얘기는 언제나 동생이 하고 형은 못 들은 척 합니다. 그리고 그렇게 못 들은 척 했던 형도 자기보다 더 큰 사람하고 나눠 먹을 때는 '공평'을 찾을 것입니다.

율법도 그렇습니다. 우리는 흔히 '율법적', '율법주의'라는 말 때문에 율법에 대해서도 부정적인 선입견을 가질 수 있는데, 율법은 하나님이 주신 것입니다. 그러니 그것은 나쁜 것일 수 없습니다. 분명히 좋은 것이고 귀한 것입니다.

그런데 이스라엘 사람들은 하나님이 주신 율법을 가지고 하나님 쪽으로 한걸음 다가선 것이 아니라 오히려 하나님에게서 멀어졌습니다. 하나님께서 자기들에게 율법을 주신 이유에는 관심도 없고 그저 율법이 있다는 이유만으로 율법이 없는 사람들을 정죄하기에 급급했습니다. 하나님께로부터 받은 은혜로 자기 자신을 하나님 보시기에 거룩하게 구별하여 성별해야 하는데, 자기와 다른 사람을 구별하여 종교적인 자존심을 채웠던 것입니다. 사람은 옳고 그른 것을 가르쳐주면 옳은 쪽을 택하는 것이 아니라, 언제나 택하기는 죄에 속한 것을 택하고 옳고 그른 것으로는 자기를 치장하기에 급급합니다.

성범죄가 사회 문제가 될 때마다 성교육의 필요성을 얘기하는 사람이 많습니다. 물론 일리가 있는 주장입니다. 설득력도 있습니다. 그런데 개인 의견입니다만 저는 반대합니다. 성교육을 했다고 해서 성범죄가 줄어들지는 않습니다.

커뮤니케이션의 역효과가 바로 그런 것입니다. 오히려 쓸데없는 호기심만 부추깁니다. 오래 전에 "수사반장"이라는 TV프로가 있었습니다. 범죄예방 차원에서 방영한 프로였습니다. 그런데 사람들은 그런 프로를 보면서, "아하! 완전범죄란 없는 것이로구나" 하고 범죄에게서 자기를 멀리하는 것이 아니라 오히려 "저기서 담배를 피워서 단서를 남겼구나. 나는 조심해야지." "창문을 뜯는데는 저런 방법도 있구나" 하고, 그 프로그램을 통하여 범죄를 배웁니다. 이것이 사람입니다.

'성교육 부재'가 문제가 아니라 '잘못된 성도덕'이 문제입니다. '성교육'이란 어휘조차 없었던 예전에는 지금처럼 성도덕이 문란하지 않았습니다. 그런데 성도덕이 문란해지면서 여기 저기서 삐걱거리기 시작하자, 그 문란한 성도덕을 바로 잡는 쪽으로의 성교육이 아니라 문란하면서도 삐걱거리지 않는 쪽으로의 성교육이 거론된다는 것은 심히 유감스러운 일입니다.

지하철 역의 공중화장실에서 흔히 볼 수 있는 표어 중에 "에이즈 예방은 콘돔으로"라는 표어가 있습니다. 저는 그 표어를 볼 때마다 눈에 핏발이 섭니다. 에이즈가 아무리 치명적인 병이라고 해도 하나님의 창조 질서에 순응해서 정상적으로 생활하면 에이즈는 아무것도 아닙니다. 그런데 왜 거기에 콘돔이 동원되어야 하는지 실로 개탄스러운 일입니다. 요컨대 정상적으로 생활하기는 싫고 에이즈는 무서운 것입니다. 그것도 국민의 건강과 복지를 책임져야 할 공공기관에서 버젓이 그런 표어를 내걸고 있는 것이 우리의 현실입니다. 그만큼 하나님과 관계없는 곳에서 우리가 살아가고 있습니다.

사회적으로 쇼킹한 일이 있을 때마다 사람들은, "사람이 어떻게 그럴 수 있느냐?" 하면서 '인간성 회복'을 부르짖습니다. 하지만 그것은 인간의 본성이 '죄'라는 사실을 모르는 사회학자들의 이야기입니다. 인간성이 상실되는 것이 문제가 아니라 죄로 오염된 인간성이 하나님의 성품을 박차고 나온 것이 문제입니다. 그러니 '인간성 회복'이 아니라 '영성 회복'이라야 합니다.

누구나 하는 얘기 중에, "보자 보자하니까 난 뭐 성질도 없는 줄 알아!" 하는 얘기가 있습니다. 여기서 말하는 성질이 인간에게 속한 것입니까? 아니면 짐승에게 속한 것입니까? 짐승에게 속한 것이 아니라 인간에게 속한 것입니다. 짐승에게는 오히려 '성질'이 없습니다. 물론 짐승도 화를 내기는 합니다만 그것은 전부 다 생존에 관계된 것입니다. 사람들처럼 자기의 본때를 보이기 위해서 화를 내는 경우는 없습니다.

사람을 잘 가르치고 교육시키면 거룩해질 것이라는 얘기는 환상입니다. 사람은 본래 죄와 같은 편입니다. 그러니 인간성을 회복할 것이 아니라 인간성이 나타나지 않도록 신의 성품에 참여하게 해야 합니다. 마치 조각목에다 금을 씌우듯 우리에게도 그런 작업을 해야 합니다.

이 율법이 바로 사람이 얼마나 한심한 수준인지를 고발하는 것입니다. 학교에서 시험을 보기 전에는 누가 실력이 있고 누가 실력이 없는지 구분이 안됩니다. 시험을 보고 나서야 진짜 실력이 있는 학생인지 아니면 단지 말만 잘하는 학생인지가 구분됩니다. 시험을 치른다는 사실이 그 학생의 실력을 말해주는 것이 아니라, 그 학생의 수준을 가늠할 수 있습니다. 평소에 얼마 만큼 공부 안하고 땡땡이를 쳤는지 시험을 보면 폭로됩니다. 율법도 그렇습니다. 율법을 갖고 있음으로 해서 거룩해지는 것이 아니고 어느 정도로 거룩한 것과 관계없는 자리에 있는지 확인되는 것입니다.

만나와 싹난 지팡이 그리고 십계명 돌판, 우리 인간의 한심한 수준을 고발하는 이 세 가지 물건이 언약궤 안에 있습니다. 그리고 속죄소로 그것을 덮어버렸습니다. 그러면 밖에서는 뭐가 보이겠습니까? 인간의 죄는 보이지 않습니다. 단지 금빛으로 빛나는 속죄소만 보입니다. 이 속죄소에다 속죄일에 대제사장이 일년에 한 번씩 제물로 죽은 짐승의 피를 뿌립니다. 그러면 하나님 보시기에 뭐가 보이겠습니까? 인간의 죄는 보이지 않습니다. 죄 대신 피만 보이게 됩니다. 이렇게 해서 인간의 죄가 사해지는 것입니다.

이스라엘 사람들이 블레셋과 전쟁을 하다가 언약궤를 빼앗긴 적이 있습니다. 그런데 그 언약궤 때문에 블레셋에 재앙이 임했습니다. 그래서 견디다 못한 블레셋이 언약궤를 이스라엘의 영토인 벧세메스로 돌려보냅니다. 언약궤를 돌려받은 이스라엘은 신이 났습니다. 그런데 언약궤를 열어 보았다가 벧세메스 사람들이 그만 죽고 말았습니다.
언약궤는 열어 보면 안 됩니다. 그 안에 들어 있는 것은 죄다 인간의 죄입니다. 최대한 감추어야 하고 새어나오지 못하도록 단단히 밀봉시켜야 합니다. 밀봉시키는 것으로 모자라서 그 위에 피를 뿌려야 합니다. 그렇게 해서 인간의 죄가 나타나지 않고 피가 보여야 합니다. 그러면 죄값이 치러진 것입니다.

성막은 운반이 가능하게 설계되었습니다. 이스라엘 사람들이 가는 곳마다 성막도 같이 옮겨 다녔습니다. 이 성막의 사역은 사람의 발길이 닿는 곳이면 어느 곳에서나 다 해당된다는 얘기입니다. 번제단도 그렇고, 물두멍도 그렇고, 분향단도 그렇습니다. 우리 삶의 모든 영역에 성막의 사역이 필요 없는 곳은 없습니다.

또 성막을 운반하는 사람은 레위인이었습니다. 성막을 운반하는 레위인들이 광야에서 다른 사람들을 만나면 어떤 일이 일어나겠습니까? 성막의 기구들은 그것의 모양이 겉으로 드러난 채로 옮기는 것이 아니라 그것을 청색 보자기로 싼 다음에 다시 해달 가죽으로 덮어서 운반하였습니다. 그러니 그런 것을 짊어지고 다니는 레위인을 만난 이방인은 그 레위인이 이상하게 보일 것입니다. 밖에서 보이는 모습은 단지 꼬질꼬질한 해달 가죽뿐인데, 그것을 마치 소중한 보물처럼 애지중지하는 것입니다.

그리스도를 소유한 우리 모습이 바로 이렇습니다. 분명히 뭔가 있기는 있는데 그것이 얼마나 소중한 것인지 다른 사람은 모릅니다. 해달 가죽과 청색 보자기를 풀어 젖혀야 금빛 찬란한 성막의 기구들이 나옵니다.

만일 광야에서 이방인들이 레위인을 만나면 "도무지 이해가 안 되는 사람들이다. 별로 중요한 물건 같지도 않은데 굉장히 애지중지한다" 하고 속으로 이상하게 생각할 것입니다. 그러면 레위인들은 어떻게 생각하겠습니까? "너희들은 모른다. 이것이 얼마나 소중한 것인지 너희들은 모른다" 아마 이러면서 서로 지나쳤을 것입니다. 바로 이것이 그리스도를 소유한 우리들의 모습입니다.

그러면 성막을 옮긴 다음에 조립할 때의 마음은 어떻겠습니까? 그들은 계속 광야를 행진했는데 그들이 머무는 곳마다 성막도 세워져 있어야 했습니다. 그때 성막을 세우던 레위인들의 심정이 바로 우리의 마음이어야 합니다. 성막의 기구를 어루만지는 심정으로 교회생활을 해야 하고, 성막을 조립하는 마음으로 자신의 신앙을 세워나가야 할 것입니다. 이런 마음이 우리 모두의 신앙 여정에 항상 있기를 바랍니다.

✯ ✯ ✯

좋으신 하나님을 찬양합니다.

저희를 사랑하시되, 저희와 함께 거하시기 위해 친히 성막을 통하여 그 모습을 계시하신 하나님의 크고도 놀라운 은혜로 인하여 늘 하나님을 송축하기를 원합니다.

원하옵기는 하나님께서 저희를 사랑하신 그 사랑이 어떠한 사랑인지를 깨달아 알게 하여 주옵시고, 저희 역시 그런 사랑을 간직한 채 아직 하나님을 모르는 다른 사람에게 저희의 모습을 힘써 보일 수 있게 하여 주옵시며, 또한 전할 수 있게 하여 주시옵소서.

주님께서 저희를 사랑하셔서 이 땅에 오시고 또 저희를 사랑하셔서 십자가에서 그 모진 고통을 다 감수하셨사온데, 참으로 그런 희생과 아픔을 감수하시면서까지 저희를 통하여 이루고자 하신 뜻이 진정 무엇이었고, 또 그렇게 하시면서까지 저희에게 알게 하려 하신 내용이 무엇이었는지를 다시금 생각할 수 있게 하여 주옵시며, 저희를 통하여 이루고자 하시는 뜻이 저희를 통하여 온전히 이루어지게 하여 주시옵소서. 그러한 주님의 뜻에 저희 자신을 기꺼이 복종시키게 하여 주시옵소서. 예수님의 이름으로 기도 드리옵나이다. 아멘

피터하우스(Peter House)는

21세기 토탈(Totar) 문서선교의 대명사입니다.
베드로서원은 문서라는 도구로 한국교회가 복음의 본질을 회복하고 선교적교회로 나아가는데 기여하고자 최선을 다하고자 합니다.

피터하우스(베드로서원)의 사역원리

Pastoral Ministry(목회적인 사역)
Educational Ministry(교육적인 사역)
Technological Ministry(과학적인 사역)
Evangelical Ministry(복음적인 사역)
Revival Ministry(부흥적인 사역)

쉽게 보는 어려운 성막
초판 1쇄 발행일 1999년 11월 15일
　　4쇄 발행일 2019년 2월 28일

편저자 : 강학종
펴낸이 : 방주석
발행처 : 베드로서원
주　소 : 경기도 고양시 일산동구 고봉로 776-92
전　화 : 031)976-8970
팩　스 : 031)976-8971
이메일 : peterhouse@daum.net
등　록 : 2010년 1월 18일 / 창립일 : 1988년 6월 3일

ISBN : 978-89-7419-080-4
　　　 책값은 뒷표지에있습니다.

판권 / 베드로서원

ⓒ이 출판물은 저작권법에 의해 보호를 받는 저작물이므로
무단 전재와 무단복제를 할 수 없습니다.